2024 全国勘察设计注册工程师考试辅导用书

Zhuce Daolu Gongchengshi Zhiye Zige Kaoshi
Zhuanye Jichu Kaoshi Moni Shijuan

注册道路工程师执业资格考试 专业基础考试模拟试卷

注册工程师考试辅导用书编委会 / 编

张 铭 / 主编

人民交通出版社

北京

内 容 提 要

本书按注册道路工程师执业资格考试基础考试大纲进行编写，包含 8 套模拟试卷，每套试卷包含 60 道单选题。试卷题目力求覆盖考试大纲要求的重点和难点，解答详细准确，适合考生模拟演练。本书与人民交通出版社出版的《全国勘察设计注册工程师执业资格考试公共基础考试试卷》配合使用，有助于提高考生的复习效果。

本书配电子题库（有效期一年），读者使用微信扫描封面红色资源码，登录"注考大师"微信公众号，即可在线学习。

本书适合参加注册道路工程师执业资格考试基础考试的考生使用。

图书在版编目（CIP）数据

2024 注册道路工程师执业资格考试专业基础考试模拟试卷 / 张铭主编. — 北京：人民交通出版社股份有限公司，2024.7. — ISBN 978-7-114-19658-4

Ⅰ. U41-44

中国国家版本馆 CIP 数据核字第 20240FE452 号

书　　名：	2024 注册道路工程师执业资格考试专业基础考试模拟试卷
著 作 者：	张　铭
责任编辑：	李　坤
责任印制：	刘高彤
出版发行：	人民交通出版社
地　　址：	（100011）北京市朝阳区安定门外外馆斜街 3 号
网　　址：	http://www.ccpcl.com.cn
销售电话：	（010）59757973
总 经 销：	人民交通出版社发行部
经　　销：	各地新华书店
印　　刷：	北京虎彩文化传播有限公司
开　　本：	889×1194　1/16
印　　张：	9.25
字　　数：	190 千
版　　次：	2024 年 7 月　第 1 版
印　　次：	2024 年 7 月　第 1 次印刷
书　　号：	ISBN 978-7-114-19658-4
定　　价：	49.00 元

（有印刷、装订质量问题的图书，由本社负责调换）

前　言

注册土木工程师（道路工程）考试于 2019 年 10 月首次举办，就此拉开了道路工程领域勘察设计工程师考试、注册、执业的序幕。考试的举办，对从事道路工程规划、勘察、设计等工作的工程技术人员，大有裨益。复习备考的过程，是道路工程技术人员重新学习、梳理、拓展自己专业知识的过程，也是提升专业素养的过程。通过考试的筛选，让合格的工程师承担相应的技术工作，有助于提升工程建设质量和效率，对整个道路工程行业的良性发展具有重大意义。

为帮助广大考生有效复习，人民交通出版社特组织相关高校和工程单位的专家编写了一套注册道路工程师考试复习辅导用书，主要包括：《基础考试应试辅导》《基础考试复习题集》《专业基础考试模拟试卷》《专业考试应试辅导》《专业考试复习题集》《专业考试案例一本通》。后续将根据考生实际需求开发新的辅导资料。

本书为《专业基础考试模拟试卷》，根据基础考试大纲和考试真题进行编写，包含 8 套试卷，力求覆盖考试大纲要求的重点和难点；本书配有电子题库，考生扫描图书封面上的红色资源码，免费使用一年。

本书由重庆交通大学和人民交通出版社专家共同编写，主要编写人员为：黄维蓉、易文豪、张奇奇、梁一星、高传东、代科、董天威、程雨恒、唐良琴、毛添、周成龙、徐海深、高传东、顿暑杰、唐山林、阳敏、陈言、李坤、张江涛、吴海军、刘浪、向南、李钦、魏道升、李燕、李圆浩。全书由重庆交通大学张铭负责统稿。

本书可与《2024 全国勘察设计注册工程师执业资格考试公共基础考试试卷（2011~2023）》配套使用。多做习题，将对考生巩固、检验复习效果和准备考试大有帮助。

考生在使用本书及相关数字资源备考时，还应注意参阅考试指定的各类标准、规范、大纲及教材，真正做到：考前胸中有丘壑，临场下笔如有神。

如对本书内容和编排有好的建议，请加入 QQ 群（470950250、920873460）交流。

预祝各位考生取得好成绩！

注册工程师考试辅导用书编委会
2024 年 5 月

目 录

（模拟试卷）

注册道路工程师执业资格考试专业基础考试模拟试卷（一） 1

注册道路工程师执业资格考试专业基础考试模拟试卷（二） 11

注册道路工程师执业资格考试专业基础考试模拟试卷（三） 21

注册道路工程师执业资格考试专业基础考试模拟试卷（四） 31

注册道路工程师执业资格考试专业基础考试模拟试卷（五） 41

注册道路工程师执业资格考试专业基础考试模拟试卷（六） 51

注册道路工程师执业资格考试专业基础考试模拟试卷（七） 61

注册道路工程师执业资格考试专业基础考试模拟试卷（八） 71

（解析与答案）

注册道路工程师执业资格考试专业基础考试模拟试卷（一）
  解析与答案 81

注册道路工程师执业资格考试专业基础考试模拟试卷（二）
  解析与答案 88

注册道路工程师执业资格考试专业基础考试模拟试卷（三）
  解析与答案 95

注册道路工程师执业资格考试专业基础考试模拟试卷（四）
  解析与答案 102

注册道路工程师执业资格考试专业基础考试模拟试卷（五）
  解析与答案 109

注册道路工程师执业资格考试专业基础考试模拟试卷（六）
　　　　解析与答案...118
注册道路工程师执业资格考试专业基础考试模拟试卷（七）
　　　　解析与答案...126
注册道路工程师执业资格考试专业基础考试模拟试卷（八）
　　　　解析与答案...135

注册道路工程师执业资格考试专业基础考试模拟试卷（一）

单项选择题（共60题，每题2分。每题的备选项中只有一个最符合题意。）

1. 石料的酸碱性是根据石料的（　　）来判定。

　　A. SiO_2 含量

　　B. 石料的 pH 值

　　C. 坚固性

　　D. 抗压强度

2. 集料级配曲线的横坐标是颗粒粒径，通常采用（　　）。

　　A. 等坐标

　　B. 对数坐标

　　C. 指数坐标

　　D. 以上均不对

3. 硅酸盐水泥的强度主要来自矿物成分（　　）。

　　A. $C_3S + C_2S$ 　　　　　　　　　B. $C_3S + C_3A$

　　C. $C_2S + C_3A$ 　　　　　　　　　D. $C_3S + C_4AF$

4. 引起硅酸盐水泥体积安定性不良的原因之一是水泥熟料中（　　）含量过多。

　　A. $CaCO_3$ 　　　　　　　　　　　B. $Ca(OH)_2$

　　C. 游离 CaO 　　　　　　　　　　　D. H_2O

5. 以下材料中，不属于无机结合料稳定类材料的是（　　）。

　　A. 石灰土 　　　　　　　　　　　　B. 二灰砂砾

　　C. 级配碎石 　　　　　　　　　　　D. 二灰碎石

6. 提高混凝土拌合物流动性的合理措施有（　　）。

　　A. 加水

　　B. 减少水泥浆用量

　　C. 增大砂率

　　D. 加减水剂

7. 路面水泥混凝土的抗弯拉强度是以（　　）方式测定。

   A. 小简支梁模型

   B. 三分点单点加载

   C. 三分点双点加载

   D. 劈裂试验

8. 沥青的四组分中，赋予沥青温度稳定性和黏性的是（　　）。

   A. 沥青质　　　　　　　　　　B. 胶质

   C. 芳香分　　　　　　　　　　D. 饱和分

9. 对于高温易产生车辙路段，沥青混合料的空隙率应适当（　　）。

   A. 增大

   B. 减小

   C. 无变化

   D. 以上说法均不对

10. 钢材的屈强比是指（　　）的比值。

    A. 屈服上限强度与极限抗拉强度

    B. 屈服下限强度与极限抗拉强度

    C. 弹性极限强度与屈服下限强度

    D. 弹性极限强度与极限抗拉强度

11. 干燥的木材吸水后，变形最大的是（　　）。

    A. 纵向　　　　　　　　　　　B. 径向

    C. 弦向　　　　　　　　　　　D. 不确定

12. 下列土的指标不可通过试验方法直接测得的是（　　）。

    A. 土的密度与重度

    B. 土粒相对密度

    C. 土的空隙率

    D. 土的含水率

13. 使黏性土具有可塑性的孔隙水主要是（　　）。

    A. 毛细水　　　　　　　　　　B. 强结合水

    C. 弱结合水　　　　　　　　　D. 重力水

14. 下列土不属于特殊土类的是（   ）。

    A. 黄土   B. 黑土

    C. 膨胀土   D. 冻土

15. 某黏性土在自然状态下重 110g，体积为 $53cm^3$，烘干后重 90g，则其干密度为（   ）。

    A. $2.08g/cm^3$ B. $1.70g/cm^3$

    C. $2.73g/cm^3$ D. $1.38g/cm^3$

16. 某砂性土坡，实际水力梯度大于临界水力梯度时，通常会产生（   ）现象。

    A. 固结   B. 沉降

    C. 变形   D. 流土

17. 土中附加应力是由（   ）原因形成的。

    A. 建筑荷载   B. 固结

    C. 变形   D. 压缩

18. 当地下水位从地表处下降至基底平面处，对土中附加应力的影响是（   ）。

    A. 附加应力增加

    B. 附加应力减少

    C. 附加应力不变

    D. 没影响

19. 土中应力计算是基于（   ）建立的。

    A. 土压力理论

    B. 布辛奈斯克解

    C. 渗透理论

    D. 强度理论

20. 有三个同一种类土样，它们的含水率都相同，但是饱和度不同，饱和度越大的土，其压缩性的变化是（   ）。

    A. 压缩性越大

    B. 压缩性越小

    C. 压缩性不变

    D. 不确定

21. 若地基表面产生较大隆起，基础发生严重倾斜，则地基的破坏形式为（　　）。

   A. 局部剪切破坏

   B. 整体剪切破坏

   C. 刺入剪切破坏

   D. 冲剪破坏

22. 在摩擦角为零的黏土地基上，有两个埋置深度相同、宽度不同的条形基础，两者的极限荷载大小情况为（　　）。

   A. 基础宽度大的极限荷载大

   B. 基础宽度小的极限荷载大

   C. 两者基础极限荷载一样大

   D. 不确定

23. 无黏性土坡的稳定性（　　）。

   A. 与坡角无关，与坡高有关

   B. 与坡角有关，与坡高无关

   C. 与坡高和坡角都无关

   D. 与坡高和坡角都有关

24. 条痕是指矿物的（　　）。

   A. 固有颜色

   B. 粉末的颜色

   C. 杂质的颜色

   D. 表面氧化物的颜色

25. （　　）是矿物混入了某些杂质所引起的，与矿物的本身性质无关。

   A. 自色　　　　　　　　　　　B. 他色

   C. 假色　　　　　　　　　　　D. 颜色

26. 常出现断口，解理面很难出现的是（　　）。

   A. 云母

   B. 方解石

   C. 正长石

   D. 磷灰石

27. 以下具有气孔状构造的岩石是（　　）。

　　A. 花岗岩　　　　　　　　　　B. 安山岩

　　C. 闪长岩　　　　　　　　　　D. 浮岩

28. 地壳表面分布最广的岩石是（　　）。

　　A. 岩浆岩　　　　　　　　　　B. 玄武岩

　　C. 变质岩　　　　　　　　　　D. 沉积岩

29. 各胶结方式的强度大小排列关系正确的是（　　）。

　　A. 基底式胶结＞孔隙式胶结＞接触式胶结

　　B. 基底式胶结＞接触式胶结＞孔隙式胶结

　　C. 接触式胶结＞基底式胶结＞孔隙式胶结

　　D. 孔隙式胶结＞接触式胶结＞基底式胶结

30. 以下作用中属于内力地质作用的是（　　）。
①构造运动；②地震作用；③风化作用；④岩浆及火山作用；⑤搬运作用；⑥变质作用。

　　A. ①②③④

　　B. ②③④⑤

　　C. ③④⑤⑥

　　D. ①②④⑥

31. 较新的岩层分布在地势较高的地方，较老的岩层出露在地势较低的地方为（　　）。

　　A. 水平构造

　　B. 单斜构造

　　C. 褶皱

　　D. 断裂

32. 若地层出现不对称性的重复现象，则此处存在的地质构造为（　　）。

　　A. 褶皱

　　B. 断层

　　C. 节理

　　D. 单斜构造

33. 化学风化作用中使低价元素转为高价元素的风化作用为（　　）。

A. 水化作用

B. 水解作用

C. 碳酸化作用

D. 氧化作用

34. 造成河流袭夺现象的主要原因是（　　）。

A. 岸坡滑动

B. 垂向侵蚀

C. 溯源侵蚀

D. 侧向侵蚀

35. 以下工程地质条件较差的垭口类型是（　　）。

A. 剥蚀型垭口

B. 背斜张裂带型垭口

C. 断层破碎带型垭口

D. 单斜较稳定型垭口

36. 以下主要用于治理滑坡的技术是（　　）。

A. 拦挡坝　　　　　　　　　　B. 抗滑桩

C. 落石网　　　　　　　　　　D. 排导槽

37. 在埋设控制测量桩时，控制测量桩高出地面的位置不超过（　　）。

A. 5cm　　　　　　　　　　　B. 10cm

C. 15cm　　　　　　　　　　 D. 20cm

38. 路线控制桩的长度不小于（　　）。

A. 20cm　　　　　　　　　　 B. 25cm

C. 30cm　　　　　　　　　　 D. 35cm

39. 当竖直度盘为顺时针注记时，其盘左和盘右竖直角计算公式为（　　）。

A. $90°-L$，$R-270°$

B. $L-90°$，$270°-R$

C. $R-270°$，$90°-L$

D. $270°-R$，$L-90°$

40. 在△ABC中，直接观测了∠A和∠B，其中误差分别为∠A = ±3″和∠B = ±4″，则∠C的中误差为（　　）。

　　A. ±8″ 　　　　　　　　　　　　B. ±7″

　　C. ±5″ 　　　　　　　　　　　　D. ±1″

41. 三等水准测量采用双面尺法的观测程序是（　　）。

　　A. 后黑—前黑—前红—后红

　　B. 后黑—后红—前黑—前红

　　C. 后黑—前红—前黑—后红

　　D. 后黑—前黑—后红—前红

42. DJ₂是用来代表光学经纬仪的，其中下标2是指（　　）。

　　A. 我国第二种类型的经纬仪

　　B. 经纬仪的型号

　　C. 该型号仪器水平方向观测一测回方向的中误差

　　D. 厂家的代码

43. 地形图上0.1mm的长度相应于地面的水平距离称为（　　）。

　　A. 比例尺

　　B. 数字比例尺

　　C. 水平比例尺

　　D. 比例尺精度

44. 下列说法正确的是（　　）。

　　A. 等高线平距越大，表示坡度越小

　　B. 等高线平距越小，表示坡度越小

　　C. 等高距越大，表示坡度越大

　　D. 等高距越小，表示坡度越大

45. 各等级公路高程控制网最弱点高程中误差不得大于（　　）。

　　A. ±10mm

　　B. ±15mm

　　C. ±20mm

　　D. ±25mm

46. 下列选项中,路线放线方法不包括( )。

A. 极坐标法

B. 链距法

C. 偏角法

D. 三角测量法

47. 中桩高程测量方法有( )。

A. 水准测量

B. 三角高程测量

C. GPS RTK 方法测量

D. 以上都是

48. 施工测量的内容不包括( )。

A. 控制测量

B. 放样

C. 测图

D. 竣工测量

49. 同一强度等级混凝土的立方体抗压强度f_{cu}、轴心抗压强度f_c、抗拉强度f_t的大小次序为( )。

A. $f_{cu} > f_c > f_t$

B. $f_c > f_{cu} > f_t$

C. $f_{cu} > f_t > f_c$

D. $f_c > f_t > f_{cu}$

50. 提高受弯构件正截面受弯能力最有效的方法是( )。

A. 提高混凝土强度等级

B. 增加保护层厚度

C. 增加截面高度

D. 增加截面宽度

51. 梁的受拉区纵向受力钢筋一层能排下时,改成两排后正截面受弯承载力将会( )。

A. 有所增加

B. 有所减少

C. 既不增加也不减少

D. 无法确定

52. 受弯构件斜截面受剪承载力计算时，若 $\gamma_0 V_d > 0.51 \times 10^{-3} \sqrt{f_{cu,k}} b h_0$，应采取的措施是（   ）。

A. 增大箍筋直径

B. 减小箍筋间距

C. 增大构件截面面积

D. 提高箍筋的钢筋等级

53. 钢筋混凝土小偏心受压构件的破坏特征是（   ）。

A. 远离轴向力作用一侧的钢筋受拉屈服，靠近轴向力作用一侧的混凝土被压碎，钢筋受压屈服

B. 远离轴向力作用一侧的钢筋可能受拉可能受压，靠近轴向力作用一侧的混凝土被压碎，钢筋受压屈服

C. 远离轴向力一侧的钢筋受拉屈服，靠近轴向力作用一侧的钢筋受压可能不屈服

D. 远离轴向力作用一侧的混凝土先压碎，钢筋受压屈服，靠近轴向力作用一侧的混凝土不被压碎，钢筋也不会受压屈服

54. 受弯构件正常使用阶段计算的依据在（   ）。

A. I_a 阶段   B. II_a 阶段

C. III_a 阶段   D. II 阶段

55. 规范规定，预应力混凝土构件的混凝土强度等级不应低于（   ）。

A. C20   B. C30

C. C35   D. C40

56. 工程建设标准按其性质可分为（   ）。

A. 行业标准和国家标准

B. 地方标准和国家标准

C. 行业标准和地方标准

D. 强制性标准和推荐性标准

57. 违反《中华人民共和国森林法》规定，侵害林木、林地的所有者的合法权益的，依法承担（   ）。

A. 侵权责任

B. 行政责任

C. 经济责任

D. 刑事责任

58. 下列不属于工程合同采取的担保形式是（　　）。

A. 订金　　　　　　　　　　　　B. 保证

C. 抵押　　　　　　　　　　　　D. 质押

59. 对于超过一定规模的危险性较大的分部分项工程专项施工方案，不属于专家论证的内容是（　　）。

A. 专项施工方案内容是否完整、可行

B. 安全施工的基本条件是否满足现场实际情况

C. 专项方案是否已经经过项目技术负责人的审核

D. 专项方案计算书和验算依据是否符合有关标准规范

60. 根据《建设工程质量管理条例》的规定，对未取得资质承揽工程单位处罚正确的是（　　）。

A. 责令改正

B. 予以取缔并处罚款

C. 吊销资质证书

D. 情节严重的吊销营业执照

注册道路工程师执业资格考试专业基础考试模拟试卷（二）

单项选择题（共60题，每题2分。每题的备选项中只有一个最符合题意。）

1. 集料的几种密度中，最小的是（　　）。
   A. 表观密度
   B. 真实密度
   C. 毛体积密度
   D. 堆积密度

2. 改变水泥熟料矿物的含量，可使水泥性质发生相应的变化。要使水泥具有比较低的水化热，应降低（　　）的含量。
   A. C_3S
   B. C_2S
   C. C_3A
   D. C_4AF

3. 随着水泥剂量的增加，水泥稳定土的强度将（　　）。
   A. 增大
   B. 减小
   C. 无变化
   D. 不确定

4. 下列说法中，不属于水泥稳定土混合料组成设计目的的是（　　）。
   A. 确定水泥剂量
   B. 确定最佳含水率
   C. 确定抗压强度
   D. 确定最大干密度

5. 消石灰的主要化学成分为（　　）。
   A. 氧化钙
   B. 氧化镁
   C. 氢氧化钙
   D. 硫酸钙

6. 确定混凝土拌合物工作性的主要依据是（　　）。
   A. 水灰比和砂率
   B. 水灰比和捣实方式
   C. 集料的性质、最大粒径和级配
   D. 构件的截面尺寸、钢筋疏密和捣实方式

7. 用来评价沥青胶体结构类型和感温性的指标是（　　）。

　　A. 软化点　　　　　　　　　　　　B. 针入度

　　C. 延度　　　　　　　　　　　　　D. 针入度指数

8. 下列不属于土工合成材料力学性质的是（　　）。

　　A. 拉伸强度　　　　　　　　　　　B. 撕裂强度

　　C. 顶/刺破强度　　　　　　　　　 D. 耐久性

9. 下列不属于评价石油沥青老化性能的试验方法是（　　）。

　　A. 水煮法

　　B. 压力老化试验

　　C. 旋转薄膜烘箱试验

　　D. 薄膜烘箱试验

10. 沥青混合料抽提试验的目的是（　　）。

　　A. 确定沥青用量

　　B. 确定针入度

　　C. 确定沥青标号

　　D. 测定矿料与沥青的黏附性

11. 设计钢结构时，确定钢结构容许应力的主要依据是（　　）。

　　A. 屈服强度　　　　　　　　　　　B. 抗拉强度

　　C. 抗压强度　　　　　　　　　　　D. 弹性极限

12. 粒径大于 0.075mm 的颗粒含量不超过全重的 50% 且 $I_P > 17$ 的土称为（　　）。

　　A. 碎石土　　　　　　　　　　　　B. 砂土

　　C. 粉土　　　　　　　　　　　　　D. 黏土

13. 对填土，要保证其具有足够的密实度，就要控制填土的（　　）。

　　A. 土粒密度 ρ_s

　　B. 土的密度 ρ

　　C. 干密度 ρ_d

　　D. 饱和密度 ρ_{sat}

14. 某原状土的液限 $w_L = 46\%$，塑限 $w_p = 24\%$，天然含水率 $w = 40\%$，则该土的塑性指数为（　　）。

　　A. 22　　　　　　　　　　　　　　B. 22%

　　C. 16　　　　　　　　　　　　　　D. 16%

15. 松砂受振时土颗粒在其跳动中会调整相互位置，土的结构趋于（　　）。

　　A. 松散　　　　　　　　　　　　　B. 稳定和密实

　　C. 液化　　　　　　　　　　　　　D. 均匀

16. 土体具有压缩性的主要原因是（　　）。

　　A. 由水被压缩引起的

　　B. 由孔隙的减少引起的

　　C. 由土颗粒的压缩引起的

　　D. 土体本身压缩模量较小引起的

17. 负温情况下常常发生冻胀现象，下列最易发生冻胀的土类是（　　）。

　　A. 细粒土　　　　　　　　　　　　B. 中粒土

　　C. 粗粒土　　　　　　　　　　　　D. 碎石土

18. 下列因素中，与水在土中的渗透速度无关的是（　　）。

　　A. 渗流路径

　　B. 水头差

　　C. 土渗透系数

　　D. 土重度

19. 下列有关地基土自重应力的说法中，错误的是（　　）。

　　A. 自重应力随深度的增加而增大

　　B. 在求地下水位以下的自重应力时，应取其有效重度计算

　　C. 地下水位以下的同一土的自重应力按直线变化，或按折线变化

　　D. 土的自重应力分布曲线是一条折线，拐点在土层交界处和地下水位处

20. 由建筑物荷载作用在地基内引起的应力增量称为（　　）。

　　A. 自重应力

　　B. 附加应力

　　C. 基底压力

　　D. 基底附加应力

21. 某点土体处于极限平衡状态时，在 τ-σ 坐标系中抗剪强度直线和莫尔应力圆的关系为（　　）。

    A. 相切　　　　　　　　　　　　B. 相割

    C. 相离　　　　　　　　　　　　D. 不确定

22. 在一定压实功作用下，土样中粗粒含量越多，则该土样的（　　）。

    A. 最佳含水率和最大干重度都越大

    B. 最大干重度越大，而最佳含水率越小

    C. 最佳含水率和最大干重度都越小

    D. 最大干重度越小，而最佳含水率越大

23. 表征黏性土软硬状态的指标是（　　）。

    A. 塑限　　　　　　　　　　　　B. 液限

    C. 塑性指数　　　　　　　　　　D. 液性指数

24. 按成因，岩石可分为（　　）。

    A. 岩浆岩、沉积岩、变质岩

    B. 岩浆岩、变质岩、花岗岩

    C. 沉积岩、酸性岩、黏土岩

    D. 变质岩、碎屑岩、岩浆岩

25. 根据组成沉积岩的物质成分，通常把沉积岩分为（　　）。

    A. 黏土岩类、化学岩类、生物岩类

    B. 碎屑岩类、黏土岩类、生物岩类

    C. 黏土岩类、化学岩类、生物化学岩类

    D. 碎屑岩类、黏土岩类、化学及生物化学岩类

26. 同一岩石的各种强度中，最大的是（　　）。

    A. 抗压强度　　　　　　　　　　B. 抗剪强度

    C. 抗弯强度　　　　　　　　　　D. 抗拉强度

27. 褶皱构造的两种基本形态是（　　）。

    A. 背斜和向斜

    B. 背斜和倾伏褶曲

    C. 向斜和倾伏褶曲

    D. 倾伏褶曲和平卧褶曲

28. 某一地区的地层为 C、P 和 J。当 P 和 J 地层之间成一定角度相交时，则 P 和 J 地层之间为（　　）。

 A. 整合接触   B. 沉积接触

 C. 假整合接触   D. 不整合接触

29. 若岩石裂隙已扩展，并产生大量的风化裂隙，在裂隙面上出现了次生矿物，则此岩层属于（　　）。

 A. 整石带   B. 块石带

 C. 碎石带   D. 粉碎带

30. 坡积裙主要分布在（　　）。

 A. 山沟沟口处

 B. 河流漫滩处

 C. 山坡坡脚处

 D. 山顶处

31. 从地质作用看，将垭口的基本类型归纳为（　　）。

 A. 构造型垭口、剥蚀型垭口、剥蚀—堆积型垭口

 B. 构造型垭口、剥蚀型垭口、堆积型垭口

 C. 构造型垭口、剥蚀型垭口、构造—剥蚀型垭口

 D. 构造型垭口、剥蚀型垭口、构造—堆积型垭口

32. 发生在均质黏性土中的滑坡，滑动面多呈（　　）。

 A. 圆弧形   B. 直线形

 C. 矩形   D. 折线形

33. 承压水通常的排泄形式是（　　）。

 A. 泉

 B. 直接排入地表

 C. 通过蒸发逸入大气

 D. 通过透水通道排入潜水层

34. 产生崩塌的地形条件，一般斜坡（　　）。

 A. 坡度大于 20°，高度大于 10m

 B. 坡度大于 35°，高度大于 30m

 C. 坡度大于 45°，高度大于 15m

 D. 坡度大于 45°，高度大于 30m

35. 断层有各种各样的类型，上盘相对上移，下盘相对下移的断层是（　　）。

A. 平移断层

B. 正断层

C. 走滑断层

D. 逆断层

36. 公路工程筑路材料勘察内容不包括（　　）。

A. 筑路材料的储量和位置

B. 筑路材料的品质和性质

C. 筑路材料的再利用

D. 筑路材料的运输方式和运距

37. 公路勘测地形图测绘图根控制测量中，图根点的点位中误差应不大于所测比例尺图上（　　）。

A. 0.05mm　　　　　　　　　　B. 0.10mm

C. 0.15mm　　　　　　　　　　D. 0.20mm

38. 公路勘测在进行一级平面控制测量时，用DJ_2经纬仪进行水平角观测的半测回归零差应小于或等于（　　）。

A. 6″　　　　　　　　　　　　B. 12″

C. 24″　　　　　　　　　　　 D. 36″

39. 数字地面模型应用于公路施工图测设阶段时，DTM高程插值中误差应不大于（　　）。

A. ±0.1m　　　　　　　　　　B. ±0.2m

C. ±0.3m　　　　　　　　　　D. ±0.4m

40. 高速公路的平面控制测量等级应选用（　　）。

A. 一级　　　　　　　　　　　B. 二级

C. 三等　　　　　　　　　　　D. 四等

41. 公路工程勘测中，GPS基线测量的中误差应小于（　　）。

A. $\sigma = \pm\sqrt{a^2 + (b \cdot d)^2}$

B. $\sigma = \pm\sqrt{a^2 + b \cdot d^2}$

C. $\sigma = \pm\sqrt{a^2 + b^2 \cdot d}$

D. $\sigma = \pm\sqrt{a^2 + a \cdot b \cdot d}$

42. 下列说法中，符合公路工程高程控制测量一般规定的是（　　）。

A. 同一个公路项目可采用不同高程系统

B. 高程控制测量可采用视距测量的方法进行

C. 各等级公路高程控制网最弱点高程中误差不得大于±25mm

D. 跨越深谷和水域的大桥、特大桥最弱点高程中误差不得大于±25mm

43. 公路设计初测阶段，现场踏勘过程中，应根据项目特点及自然、地理、社会环境调整并确定（　　）。

A. 勘测方法与勘测方案

B. 起终点及中间控制点

C. 工程规模及技术等级

D. 路线比较方案

44. 公路设计初测阶段，路线可采用纸上定线和现场定线，适用现场定线的是（　　）。

A. 高速公路 B. 一级公路

C. 三、四级公路 D. 特大桥、大桥

45. 采用测深仪测绘公路大桥、特大桥水下地形图时，一般水域断面线上测深点图上最大间距为（　　）。

A. 1.0cm B. 1.0~1.5cm

C. 1.5~3.5cm D. 3.5~4.5cm

46. 公路定测路线中线敷设时，路线中桩间距不大于10m的线形条件是（　　）。

A. $R > 60$m曲线上

B. 不设超高的曲线上

C. 平原、微丘区直线上

D. $30m < R < 60m$曲线上

47. 公路勘测定测阶段，高速公路中桩高程两次测量之差应小于或等于（　　）。

A. 3mm B. 5mm

C. 8mm D. 10mm

48. 在公路设计初测阶段，公路与公路交叉应勘测与调查的内容包括（　　）。

A. 测绘1∶10000地形图

B. 补充调查相交公路的交通量、交通组成

C. 测量交叉点铁轨顶高、交叉角度及路基宽度

D. 勘测公路与管线交叉的位置、交叉角度、交叉点悬高或埋置深度

49. 材料的设计强度指用材料强度标准值除以材料性能分项系数后的值，其取值依据主要是为了满足结构的（　　）。

   A. 抗裂

   B. 强度

   C. 刚度

   D. 可靠度

50. 结构设计时，应根据各种极限状态的设计要求采用不同的荷载代表值，其中可变作用的代表值应采用（　　）。

   A. 标准值、平均值或准永久值

   B. 标准值、频遇值或平均值

   C. 标准值、频遇值或准永久值

   D. 平均值、频遇值或准永久值

51. 钢筋混凝土适筋梁正截面受力全过程分为三个阶段，其中第三阶段，即破坏阶段末的表现是（　　）。

   A. 受拉区钢筋先屈服，随后受压区混凝土压碎

   B. 受拉区钢筋未屈服，受压区混凝土已压碎

   C. 受拉区钢筋和受压区混凝土的应力均不定

   D. 受压区混凝土先压碎，然后受拉区钢筋屈服

52. 现行《公路钢筋混凝土及预应力混凝土桥涵设计规范》规定，为保证斜截面抗弯承载力，要求受拉区弯起钢筋的弯起点应设在钢筋强度（　　）。

   A. 理论断点以外，不小于 $h_0/2$

   B. 充分利用点以外，不大于 $h_0/2$

   C. 充分利用点以外，不小于 $h_0/2$

   D. 理论断点以外，不大于 $h_0/2$

53. 影响斜截面抗剪承载力的主要因素有（　　）。

   A. 剪跨比、箍筋强度、纵向钢筋长度

   B. 剪跨比、混凝土强度、箍筋及纵向钢筋的配筋率

   C. 纵向钢筋强度、混凝土强度、架立钢筋强度

   D. 混凝土强度、箍筋及纵向钢筋的配筋率、架立钢筋强度

54. 关于光圆钢筋与混凝土黏结作用的说法中，错误的是（   ）。

A. 钢筋与混凝土接触面产生的摩擦力

B. 钢筋与混凝土接触面产生的库仑力

C. 钢筋表面与水泥胶结产生的机械咬合力

D. 混凝土中水泥胶体与钢筋表面的化学胶着力

55. 下列预应力损失中，不属于先张法的是（   ）。

A. 管道摩阻预应力损失

B. 锚具的变形预应力损失

C. 钢筋的松弛预应力损失

D. 混凝土收缩、徐变预应力损失

56. 根据《中华人民共和国公路法》，按技术等级将公路分为（   ）。

A. 高速公路、一级公路、二级公路和等外公路

B. 高速公路、一级公路、二级公路、三级公路和等外公路

C. 高速公路、一级公路、二级公路、三级公路和四级公路

D. 一级公路、二级公路、三级公路、四级公路和等外公路

57. 根据《建设工程质量管理条例》，下列分包情形中，不属于非法分包的是（   ）。

A. 总承包合同中未有约定，承包单位又未经建设单位许可，就将其全部劳务作业交由劳务单位完成

B. 总承包单位将工程分包给不具备相应资质条件的单位

C. 施工总承包单位将工程主体结构的施工分包给其他单位

D. 分包单位将其承包的建设工程再分包

58. 根据《中华人民共和国森林法》，工程建设确需占用林地的，应当经县级以上人民政府林业主管部门审核同意，依法办理建设用地审批手续。占用林地的单位应当缴纳（   ）。

A. 林地征用费

B. 树木砍伐费

C. 森林植被恢复费

D. 树木所有人补偿费

59. 下列说法中,不适用《建设工程安全生产管理条例》的是（   ）。

　　A. 线路管道和设备安装工程

　　B. 土木工程和建筑工程

　　C. 设备安装工程及装修工程

　　D. 抢险救灾和农民自建低层住宅

60. 根据《中华人民共和国建筑法》,建筑设计单位不按照建筑工程质量、安全标准进行设计的,应（   ）。

　　A. 降低资质等级

　　B. 承担赔偿责任

　　C. 吊销资质证书

　　D. 责令改正,处以罚款

注册道路工程师执业资格考试专业基础考试模拟试卷（三）

单项选择题（共60题，每题2分。每题的备选项中只有一个最符合题意。）

1. 进行无机结合料稳定土无侧限抗压强度试验时，试件的养生方法是（   ）。
   A. 在潮湿空气中养生7d
   B. 在潮湿空气中养生14d
   C. 在潮湿空气中养生6d，浸水1d
   D. 在潮湿空气中养生13d，浸水1d

2. 下列因素中，不属于影响石灰稳定土强度的因素是（   ）。
   A. 土质   B. 灰质
   C. 含水率   D. 和易性

3. 水泥熟料中掺加适量石膏的目的是（   ）。
   A. 降低发热量
   B. 增加产量
   C. 减少收缩
   D. 调节水泥凝结速度

4. 路面水泥混凝土配合比设计中，经过工作性调整的配比称为（   ）。
   A. 初步配合比
   B. 基准配合比
   C. 试验室配合比
   D. 施工配合比

5. 建筑砂浆在硬化前应具有良好的和易性，和易性包括流动性与（   ）。
   A. 保水性   B. 维勃稠度
   C. 坍落度   D. 捣实性

6. 评价沥青与集料黏附性最常用的方法是（   ）。
   A. 水煮法   B. 拉拔法
   C. 马歇尔法   D. 维姆法

7. 沥青路面的抗渗能力主要取决于沥青路面的（　　）。

　　A. 稳定度　　　　　　　　　　　　B. 饱和度

　　C. 空隙率　　　　　　　　　　　　D. 骨架间隙率

8. 下列影响沥青耐久性因素中，可不予考虑的是（　　）。

　　A. 热　　　　　　　　　　　　　　B. 氧

　　C. 风　　　　　　　　　　　　　　D. 光

9. 沥青路面混合料组成设计中，随着沥青用量的增加，沥青混合料的空隙率（　　）。

　　A. 减小

　　B. 增大

　　C. 先减小后增大

　　D. 先增大后减小

10. 二灰土的主要组成材料是（　　）。

　　A. 石灰、水泥、土

　　B. 石灰、煤渣、土

　　C. 石灰、粉煤灰、土

　　D. 粉煤灰、水泥、土

11. 路面水泥混凝土配合比设计的强度指标是（　　）。

　　A. 抗压强度

　　B. 抗劈裂强度

　　C. 抗弯强度

　　D. 抗弯拉强度

12. 土的含水率是指（　　）。

　　A. 土中水的质量与土体总质量的比值

　　B. 土中水的质量与土粒质量的比值

　　C. 土中水的体积与孔隙的体积的比值

　　D. 土中水的体积与土颗粒体积的比值

13. 评价砂土的密实程度，最常用的指标是（　　）。

　　A. 相对密实度　　　　　　　　　　B. 表观密度

　　C. 孔隙率　　　　　　　　　　　　D. 稠度

14. 粉、细砂在饱和状态下，突然发生振动而且排水不畅，此时砂土可能会出现（　　）。

    A. 管涌　　　　　　　　　　　　B. 稳定

    C. 液化　　　　　　　　　　　　D. 密实

15. 在持续负温作用下，地下水位较高处的粉砂、粉土、粉质黏土等土层冻胀危害（　　）。

    A. 程度较小

    B. 程度较大

    C. 程度不明

    D. 与地下水位的高低无关

16. 地基表面作用着均布的矩形荷载，在矩形的中心点下，随着深度的增加，则（　　）。

    A. 附加应力不变，自重应力增大

    B. 附加应力线性增大，自重应力减小

    C. 附加应力线性减小，自重应力增大

    D. 附加应力非线性减小，自重应力增大

17. 土的有效应力作用会引起土体发生压缩，同时有效应力也影响土的抗剪强度，有效应力等于（　　）。

    A. 总应力减去孔隙压力

    B. 总应力减去孔隙水压力

    C. 总应力减去孔隙中空气压力

    D. 孔隙中的空气压力与孔隙水压力之和

18. 黏性土坡整体滑动的稳定安全系数表达式为（　　）。

    A. $k=$ 稳定力矩/滑动力矩

    B. $k=$ 抗滑力/滑动力

    C. $k=$ 抗滑力/剪应力

    D. $k=$ 抗剪切力矩/剪切力

19. 室内测定土的压缩性指标的试验为（　　）。

    A. 剪切试验

    B. 侧限压缩试验

    C. 静载荷试验

    D. 无侧限压缩试验

20. 有 A、B 两土样,如果其中 A 的压缩性大于 B 的压缩性,则(　　)。

   A. 土样 B 的压缩曲线陡

   B. 土样 A 的压缩系数小

   C. 土样 A 的压缩模量小

   D. 土样 B 易产生变形

21. 饱和软土地基在外荷载作用下,其抗剪强度逐渐增长的原因是(　　)。

   A. 总应力的减小

   B. 有效应力的减小

   C. 孔隙水压力的消散

   D. 孔隙水压力的增加

22. 饱和黏性土地基瞬时沉降的计算可采用(　　)。

   A. 库仑理论

   B. 分层总和法

   C. 经验公式

   D. 弹性理论公式

23. 土的层流渗透定律(达西定律)一般只适用于(　　)。

   A. 弹性理论公式

   B. 中砂、细砂和粉砂

   C. 粗砂

   D. 卵石

24. 下列岩石为变质岩的是(　　)。

   A. 花岗岩　　　　　　　　　B. 片麻岩

   C. 流纹岩　　　　　　　　　D. 泥岩

25. 下列全部属于岩浆岩构造类型的是(　　)。

   A. 板状、块状、流纹状、杏仁状

   B. 片麻状、流纹状、气孔状、杏仁状

   C. 块状、流纹状、气孔状、杏仁状

   D. 千枚状、流纹状、气孔状、杏仁状

26. 结晶联结的岩石，结晶颗粒的大小与岩石强度有一定关系，一般晶粒越大强度（　　）。

A. 越小 B. 越大

C. 不变化 D. 无规律

27. 岩石受力发生破裂时，未发生明显位移的断裂是（　　）。

A. 断层 B. 解理

C. 节理 D. 背斜

28. 从地质构造条件分析，下列条件中最容易发生崩塌的是（　　）。

A. 沉积岩层的整合接触

B. 为结构面切割的破碎岩体

C. 软弱结构面与坡向相反

D. 无结构面切割的完整岩体

29. 下列有关岩石风化作用的说法中，错误的是（　　）。

A. 岩石的风化作用仅发生在地表

B. 岩石的风化作用使岩体的结构构造发生变化

C. 岩石的风化作用使岩石的强度及稳定性降低

D. 岩石的风化作用使岩石的矿物成分和化学成分发生变化

30. 山区公路水毁的重要动因是河流的（　　）。

A. 溶蚀作用

B. 侧蚀作用

C. 下蚀作用

D. 机械侵蚀作用

31. 在某河谷上形成若干级河谷阶地，用于敷设路线最好的是（　　）。

A. 一、二级阶地

B. 三、四级阶地

C. 三级阶地

D. 四级阶地

32. 岩石的风化程度一般划分为全风化、强风化等（　　）。

A. 二级 B. 三级

C. 四级 D. 五级

33. 公路工程地质勘察中，能直接观察地层结构变化的方法是（   ）。

　　A. 挖探 　　　　　　　　　　　B. 冲击钻探

　　C. 触探 　　　　　　　　　　　D. 地球物理勘探

34. 下列有关岩溶水的说法中，错误的是（   ）。

　　A. 岩溶水与地表水的流域系统相似

　　B. 岩溶水空间分布极不均匀

　　C. 岩溶水水量变化受气候影响不大

　　D. 岩溶水给工程预测预防带来困难

35. 滑坡体在滑动过程中，因受力不均而产生滑坡裂缝，其中分布在滑坡体后缘，多呈弧形，与滑坡壁大致平行的是（   ）。

　　A. 周形裂缝 　　　　　　　　　B. 拉张裂缝

　　C. 鼓张裂缝 　　　　　　　　　D. 剪切裂缝

36. 工程可行性研究阶段，隧道工程地质勘察的主要任务是（   ）。

　　A. 隧道洞身的勘察

　　B. 隧道洞口的勘察

　　C. 隧道方案与位置的确定

　　D. 隧道的水文地质勘察

37. 高速公路、一级公路进行勘测时，高程控制测量等级应选用（   ）。

　　A. 二等 　　　　　　　　　　　B. 三等

　　C. 四等 　　　　　　　　　　　D. 五等

38. 根据公路勘测平面控制点布设要求，路线平面控制点距路线中心小于300m，且应大于（   ）。

　　A. 20m 　　　　　　　　　　　B. 30m

　　C. 40m 　　　　　　　　　　　D. 50m

39. 下列公路勘测高程控制测量工作中，符合高程控制点布设要求的是（   ）。

　　A. 高程控制点距离路线中心的距离应大于35m

　　B. 高程控制点距离路线中心的距离宜小于400m

　　C. 路线高程控制点相邻点间的距离以1.5~2.5km为宜

　　D. 特大型构造物每端应埋设2个（含2个）以上高程控制点

40. 公路工程地形图绘制中，平原地区测绘1∶1000比例尺地形图的基本等高距应为（　　）。

A. 0.5m   B. 1.0m
C. 2.0m   D. 5.0m

41. 公路勘测地形图测绘采用GPS RTK法测量时，流动站至基准站的距离应小于（　　）。

A. 10km   B. 15km
C. 20km   D. 25km

42. 公路施工图设计阶段，利用数字地面模型（DTM）计算公路纵断面时，中桩桩距取值应为（　　）。

A. 20~50m   B. 20~40m
C. 20~30m   D. 5~20m

43. 以地形图数字化为数据源生成的公路数字地面模型（DTM），其高程插值相对于原地形图的高程误差不得超过原图等高距的（　　）。

A. 1   B. 1/2
C. 1/3   D. 1/5

44. 公路航空摄影测量成图比例尺为1∶1000时，航摄比例尺应为（　　）。

A. 1∶2000~1∶3000

B. 1∶4000~1∶6000

C. 1∶8000~1∶12000

D. 1∶20000~1∶30000

45. 公路大、中桥定测阶段勘测与调查时，应进行形态断面测量，选择形态断面的要求是（　　）。

A. 任选两个断面即可

B. 宜在桥位上游选一个断面

C. 宜在桥位下游选一个断面

D. 宜在桥位上、下游各选一个断面

46. 公路设计定测阶段，对于平原、微丘区的一、二级公路，中桩平面位置中误差应不大于（　　）。

A. ±5cm

B. ±10cm

C. ±15cm

D. ±20cm

47. 公路设计初测阶段，符合大、中桥梁控制测量要求的是（　　）。

　　A. 可不专门布设桥梁平面和高程控制网

　　B. 布设路线控制网时，每岸不漏布设必要的控制点

　　C. 布设的控制点不需要纳入路线控制测量进行施测

　　D. 需设置独立坐标系统

48. 公路定测阶段，三级及以下公路横断面测量距离检测互差限差为（　　）m。〔注：L为测点至中桩的水平距离（m）〕

　　A. $\leqslant L/2.5 + 0.2$

　　B. $\leqslant L/2.5 + 0.1$

　　C. $\leqslant L/50 + 0.2$

　　D. $\leqslant L/50 + 0.1$

49. 极限状态设计法中，结构的可靠性是指（　　）。

　　A. 安全性、耐久性和稳定性

　　B. 安全性、耐久性和适用性

　　C. 安全性、耐久性和使用性

　　D. 使用性、耐久性和稳定性

50. 轴心受压构件按箍筋作用不同，可分为的两种基本类型是（　　）。

　　A. 普通箍筋柱和直接箍筋柱

　　B. 螺旋箍筋柱和普通箍筋柱

　　C. 普通箍筋柱和长箍筋柱

　　D. 螺旋箍筋柱和间接箍筋柱

51. 用螺旋箍筋约束混凝土，则（　　）。

　　A. 混凝土的强度和延性均提高

　　B. 混凝土的强度能提高，延性不能提高

　　C. 混凝土的延性能提高，强度不能提高

　　D. 混凝土的强度和延性均不能提高

52. 确定预应力钢筋弯起点时，考虑受力要求应兼顾（　　）。

   A. 弯矩和预加力

   B. 预加力和剪力

   C. 轴力和弯矩

   D. 弯矩和剪力

53. 钢筋混凝土梁的试验表明，钢筋混凝土适筋梁从加荷直至破坏，其正截面工作状态经历了三个阶段，大致可分为（　　）。

   A. 整体工作阶段、极限工作阶段、破坏阶段

   B. 弹性工作阶段、带裂缝工作阶段、破坏阶段

   C. 弹性工作阶段、受拉区混凝土退出工作阶段、塑性阶段

   D. 弹性工作阶段、全截面工作阶段、受拉区混凝土退出工作阶段

54. 在矩形截面偏心受压构件计算中，判断大偏心受压、小偏心受压的条件是（　　）。

   A. $e_0 < 0.3h_0$ 为小偏心，$e_0 \geqslant 0.3h_0$ 为大偏心

   B. $e_0 > 0.3h_0$ 为小偏心，$e_0 \leqslant 0.3h_0$ 为大偏心

   C. $\xi \leqslant \xi_b$ 为大偏心，$\xi > \xi_b$ 为小偏心

   D. $\xi < \xi_b$ 为小偏心，$\xi \geqslant \xi_b$ 为大偏心

55. 砌体受剪时，其破坏形式为（　　）。

   A. 通缝抗剪、齿缝抗剪和水平抗剪

   B. 通缝抗剪、齿缝抗剪和阶梯形抗剪

   C. 齿缝抗剪、阶梯形抗剪和竖缝抗剪

   D. 水平抗剪、竖缝抗剪和齿缝抗剪

56. 根据《建设工程质量管理条例》，勘察、设计单位超越本单位资质等级承揽工程的，责令停止违法行为，对勘察、设计单位处以罚款，罚款是合同约定勘察费、设计费的（　　）。

   A. 2倍以上3倍以下

   B. 3倍以上5倍以下

   C. 1倍以上2倍以下

   D. 10万元以上30万元以下

57. 根据《中华人民共和国公路法》，县级以上地方人民政府应当确定公路两侧边沟（截水沟、坡脚护坡道，下同）外缘起不少于（　　）的公路用地。

A. 5m　　　　　　　　　　　　　B. 2m

C. 1m　　　　　　　　　　　　　D. 0.5m

58. 根据《建设工程安全生产管理条例》，注册执业人员未执行法律、法规和工程建设强制性标准的，应（　　）。

A. 终身不予注册

B. 吊销执业资格证书，5年内不予注册

C. 吊销执业资格证书，10年内不予注册

D. 责令停止执业3个月以上1年以下

59. 根据《中华人民共和国民法典》(即原《中华人民共和国合同法》)，建设工程项目执行政府定价或者政府指导价的，在合同约定的交付期限内政府价格调整时，按照交付时的价格计价。逾期交付标的物的，遇价格上涨时，执行（　　）。

A. 新价格

B. 原价格

C. 商议确定的价格

D. 新价格与原价格的平均值

60. 根据《建设工程质量管理条例》，建设工程发生质量事故，有关单位向当地建设行政主管部门和其他有关部门报告的时间应不大于（　　）。

A. 4小时　　　　　　　　　　　　B. 8小时

C. 24小时　　　　　　　　　　　 D. 48小时

注册道路工程师执业资格考试专业基础考试模拟试卷（四）

单项选择题（共60题，每题2分。每题的备选项中只有一个最符合题意。）

1. 洛杉矶磨耗试验中，磨耗机的转动速率是（　　）。
   A. 25~28r/min
   B. 28~32r/min
   C. 30~33r/min
   D. 33~35r/min

2. 细集料试验中，各筛的累计筛余用A_i来表示。现有一细集料，各筛孔累计筛余分别为：$A_{4.75}=3.6$，$A_{2.36}=15.6$，$A_{1.18}=34.2$，$A_{0.6}=63.6$，$A_{0.3}=90.1$，$A_{0.15}=97.2$，则该细集料是（　　）。
   A. 粗砂　　　　　　　　　　　B. 中砂
   C. 细砂　　　　　　　　　　　D. 粉砂

3. 石灰可用于道路与桥梁工程，下列技术要求中，不属于石灰的技术要求的是（　　）。
   A. 氧化铝的含量
   B. 氧化镁和氧化钙的含量
   C. 二氧化碳的含量
   D. 细度

4. 我国现行标准规定，硅酸盐水泥细度的测定方法是（　　）。
   A. 负压筛析法　　　　　　　　B. 手工筛析法
   C. 水筛法　　　　　　　　　　D. 比表面积法

5. 拌和好的灰土1100g，经检测，该灰土含水率为10%，石灰剂量为4.2%，则该石灰土中石灰质量为（　　）。
   A. 42.0g　　　　　　　　　　　B. 41.6g
   C. 40.3g　　　　　　　　　　　D. 39.3g

6. 混凝土拌合物的稠度试验方法有坍落度与坍落扩展度试验和维勃稠度试验两种，其中坍落度与坍落扩展度试验要求新拌混凝土的坍落度不小于（　　）。
   A. 5mm　　　　　　　　　　　B. 10mm
   C. 15mm　　　　　　　　　　 D. 20mm

7. 有一组边长为 150mm 的水泥混凝土立方体试块，各试块的极限荷载分别为 929.25kN，963.08kN，789.75kN，则该混凝土抗压强度的测定值为（　　）。

　　A. 35.1MPa　　　　　　　　　　B. 39.7MPa

　　C. 41.3MPa　　　　　　　　　　D. 42.8MPa

8. 确定砂浆抗压强度等级所采用的试件尺寸是（　　）。

　　A. 40mm×40mm×160mm

　　B. 50mm×50mm×50mm

　　C. 70.7mm×70.7mm×70.7mm

　　D. 100mm×100mm×100mm

9. 沥青的针入度值越大，则该沥青（　　）。

　　A. 脆性越大　　　　　　　　　　B. 黏附性越好

　　C. 抗老化性能越好　　　　　　　D. 越软，稠度越小

10. 碳素钢亦称为"碳钢"，是指其含碳量低于（　　）。

　　A. 2%　　　　　　　　　　　　B. 2.5%

　　C. 3%　　　　　　　　　　　　D. 3.5%

11. 普通混凝土计算初步配合比为 1∶1.92∶2.66，水灰比为 0.42，为提高其流动性增加 5%水泥浆用量，此时该混凝土的水灰比为（　　）。

　　A. 0.38　　　　　　　　　　　　B. 0.4

　　C. 0.42　　　　　　　　　　　　D. 0.44

12. 关于土的界限含水率，说法正确的是（　　）。

　　A. 固态与半固态的界限含水率为塑限w_p

　　B. 半固态与可塑状态的界限含水率为缩限w_s

　　C. 固态与液态的界限含水率为液限w_L

　　D. 可塑状态与流动状态的界限含水率为液限w_L

13. 关于砂土的相对密实度，说法正确的是（　　）。

　　A. 相对密实度越大，孔隙比e越小

　　B. 相对密实度越大，孔隙比e越大

　　C. 砂土的相对密实度D_r接近于1，表明砂土接近于最松散的状态

　　D. 砂土的相对密实度D_r接近于0，表明砂土接近于最密实的状态

14. 关于土的工程分类，以下说法正确的是（　　）。

    A. 碎石土是指粒径大于 2mm 的颗粒含量超过总质量 50%的土

    B. 碎石土是指粒径大于 2mm 的颗粒含量超过总质量 45%的土

    C. 砂土是指粒径大于 2mm 的颗粒含量不超过总质量 45%的土

    D. 粉土是指粒径大于 0.075mm 的颗粒含量超过总质量 50%的土

15. 水流作用在单位体积土体中土颗粒上的力称为动水力，以下关于动水力的说法错误的是（　　）。

    A. 动水力也称为渗透力

    B. 动水力的大小与水力梯度成正比

    C. 动水力的大小与水的重度成正比

    D. 动水力的作用方向与水流方向一致

16. 根据土的层流渗透定律，其他条件相同时，以下说法错误的是（　　）。

    A. 渗透系数越大时，流速越大

    B. 渗透系数越大时，流速越小

    C. 水力梯度越大时，流速越大

    D. 水力梯度越大时，渗透流量越大

17. 某场地从天然地面算起，自上而下分别为：粉土，厚度 6m；黏土，厚度 30m。两层土的天然重度均按 20kN/m³ 计算，勘察发现有一层地下水，埋深 3m，水的重度按 10kN/m³ 计算，含水层为粉土，黏土为隔水层，深度 4m 处的有效自重应力为（　　）。

    A. 70kPa　　　　　　　　　　B. 80kPa

    C. 90kPa　　　　　　　　　　D. 100kPa

18. 矩形基础受单向偏心荷载作用，b 为基底偏心方向长度，当基底压力分布为梯形时，荷载偏心距 e 的大小为（　　）。

    A. $e = 0$　　　　　　　　　　B. $e > b/6$

    C. $e = b/6$　　　　　　　　　D. $e < b/6$

19. 关于太沙基条形浅基础极限荷载计算公式的假定，以下说法正确的是（　　）。

    A. 基础的长宽比 < 5

    B. 假定基础底面与土之间无摩擦力

    C. 地基土破坏形式是刺入剪切破坏

    D. 基底以上的土体看作是作用在基础两侧的均布荷载

20. 某土样取土深度为 10.0m，测得先期固结压力为 160kPa，土的重度为 20kN/m³。该土样的超固结比（OCR）为（　　）。

A. 2.0

B. 1.5

C. 1.0

D. 0.8

21. 绘制土的三轴剪切试验成果莫尔—库仑强度包线时，莫尔圆的正确画法是（　　）。

A. 在σ轴上以σ_1为圆心，以$(\sigma_1-\sigma_3)/2$为半径

B. 在σ轴上以σ_3为圆心，以$(\sigma_1-\sigma_3)/2$为半径

C. 在σ轴上以$(\sigma_1-\sigma_3)/2$为圆心，以$(\sigma_1+\sigma_3)/2$为半径

D. 在σ轴上以$(\sigma_1+\sigma_3)/2$为圆心，以$(\sigma_1-\sigma_3)/2$为半径

22. 为了近似模拟土体在现场受剪的排水条件，将直剪试验分为（　　）。

A. 快剪、固结快剪和慢剪

B. 固结排水剪、固结慢剪和慢剪

C. 固结慢剪、快剪和不排水剪

D. 不排水剪、排水剪和固结快剪

23. 均质黏性土的土坡失稳破坏时，通常可近似地假定为圆弧滑动面，圆弧滑动面的形式一般有以下三种：坡脚圆、坡面圆和中点圆，这三种圆弧滑动面的产生与（　　）无关。

A. 土坡的坡角大小

B. 土的强度指标

C. 土中硬层的位置

D. 土坡的长度

24. 玄武岩属于岩浆岩，按其SiO_2含量属于（　　）。

A. 基性岩类

B. 中性岩类

C. 酸性岩类

D. 超基性岩类

25. 岩石的工程地质性质包括（　　）。

A. 矿物成分、力学性质、吸水性质

B. 力学性质、水理性质、抗冻性质

C. 物理性质、水理性质、力学性质

D. 物理性质、化学性质、力学性质

26. 对地质构造进行野外观测时，常沿垂直于岩层走向的路线穿越观察，若在地表上观测到的岩层其地质年代依次由新到老，再由老到新，对称分布，这种地质构造为（　　）。

　　A. 向斜构造　　　　　　　　　　　B. 背斜构造

　　C. 单斜构造　　　　　　　　　　　D. 褶皱构造

27. 对于单斜构造，当岩层倾向与坡向相反时，在地质平面图上地层分界线与地形等高线（　　）。

　　A. 平行　　　　　　　　　　　　　B. 垂直

　　C. 弯曲方向相同　　　　　　　　　D. 弯曲方向相反

28. 河水流动的过程中不断加深和拓宽河床的作用称为河流的侵蚀作用，这种侵蚀作用可分为（　　）。

　　A. 溶蚀作用和磨蚀作用

　　B. 下蚀作用和侧蚀作用

　　C. 淘蚀作用和潜蚀作用

　　D. 溶蚀作用和机械侵蚀作用

29. 与岩石风化无关的作用是（　　）。

　　A. 太阳辐射　　　　　　　　　　　B. 空气

　　C. 风　　　　　　　　　　　　　　D. 地球引力

30. 在识别各级河流阶地形成年代的先后时，下列说法正确的是（　　）。

　　A. 高阶地年代新，低阶地年代老

　　B. 低阶地年代新，高阶地年代老

　　C. 根据阶地二元结构表层地层的沉积年代确定，与阶地高低无关

　　D. 根据阶地二元结构下部地层的沉积年代确定，与阶地高低无关

31. 关于崩塌形成的基本条件，以下说法错误的是（　　）。

　　A. 斜坡高、陡是形成崩塌的必要条件

　　B. 由软硬岩互层构成的陡峻斜坡不容易形成崩塌

　　C. 大规模的崩塌多发生在暴雨、久雨或强震之后

　　D. 崩塌易沿倾向临空方向且倾角较大的软弱结构面发生

32. 滑坡钻探钻至滑动面（带）以上5m或发现滑动面（带）迹象时，应采用的钻探方式是（　　）。

　　A. 干钻　　　　　　　　　　　　　B. 冲洗钻

　　C. 冲击钻　　　　　　　　　　　　D. 振动钻

33. 泥石流是一种突然暴发的含有大量泥沙、石块的特殊洪流，下列不属于形成泥石流基本条件的是（　　）。

   A. 宽阔平缓的排泄通道

   B. 陡峭的山坡地形

   C. 流域中有丰富的固体物质

   D. 雨或冰雪融水

34. 我国黄土的堆积年代包括整个第四纪，按照公路工程所处区域地质年代划分，离石黄土的堆积年代为（　　）。

   A. 全新世 Q_4　　　　　　　　B. 晚更新世 Q_3

   C. 中更新世 Q_2　　　　　　　D. 早更新世 Q_1

35. 膨胀土是一种黏性土，土中黏粒的主要矿物成分是（　　）。

   A. 蒙脱石和伊利石

   B. 高岭石和蛇纹石

   C. 高岭石和绿泥石

   D. 绿泥石和蛇纹石

36. 当盐渍土中（　　）含量较高时，土的物理、力学性质和筑路性质会发生显著变化。

   A. 硫酸镁　　　　　　　　　　B. 硫酸钙

   C. 碳酸钙　　　　　　　　　　D. 硫酸钠

37. 某公路大桥项目，桥梁最大单跨为388m，采用的平面控制测量桩，其上顶面正方形边长、下底面正方形边长、高分别不应小于（　　）mm。

   A. 150、300、600

   B. 200、400、600

   C. 250、500、600

   D. 300、600、800

38. 公路勘测角度、距离和水准记录中，如果读错、写错，数字不得直接改正，必须重测的位数分别是（　　）。

   A. 秒位、毫米及毫米以下

   B. 秒位、厘米及厘米以下

   C. 分位、毫米及毫米以下

   D. 分位、厘米及厘米以下

39. 根据现行《公路勘测规范》规定，公路路线、大型构造物采用的平面控制坐标系，其投影长度变形值应分别不大于（　　）mm/km。

A. 10、25

B. 25、10

C. 25、15

D. 50、20

40. 某一公路测量控制点，位于高原地区，其6度带的纵坐标$X = 4866735m$，横坐标$Y = 18444333m$，则该点至中央子午线的实际距离为（　　）。

A. 55667m

B. 444333m

C. 4866735m

D. 18444333m

41. 某公路施工图设计阶段，根据地形需要设置长4980m隧道一座，下列关于隧道平面和高程控制网等级选择，符合规范规定的是（　　）。

A. 平面控制测量等级为四等，高程控制测量等级为四等

B. 平面控制测量等级为四等，高程控制测量等级为三等

C. 平面控制测量等级为三等，高程控制测量等级为四等

D. 平面控制测量等级为三等，高程控制测量等级为三等

42. 某微丘区高速公路高程控制测量采用双摆站的方法进行三等水准测量，已知附合水准路线长度为91km，附合水准路线闭合差80mm，下列关于该项目高程控制测量的相关描述，结论正确的是（　　）。

A. 附合水准路线闭合差符合规范要求，附合水准路线长度符合规范要求

B. 附合水准路线闭合差符合规范要求，附合水准路线长度不符合规范要求

C. 附合水准路线闭合差不符合规范要求，附合水准路线长度符合规范要求

D. 附合水准路线闭合差不符合规范要求，附合水准路线长度不符合规范要求

43. 下列关于地形图等高线特性的描述，不正确的为（　　）。

A. 等高线不能相交

B. 同一等高线上各点的高程一定相等

C. 等高线平距大小与地面坡度大小成反比

D. 等高线与山脊线、山谷线大致成垂直正交

44. 下列关于公路工程水下地形图测绘的表述，符合规范规定的是（　　）。

A. 特大桥重点水域断面线上测深点图上最大间距应不大于 1.0cm

B. 重点水域航道测量图上测深线间距应不大于 2.0cm

C. 特大桥一般水域断面线上测深点图上最大间距应不大于 2.0cm

D. 一般水域航道测量图上测深线间距应不大于 3.0cm

45. 某公路工程定测阶段，拟采用航空摄影对重要工点进行地形图测量工作，根据公路勘测规范宜采用的航摄比例尺是（　　）。

A. 1∶500

B. 1∶2000

C. 1∶5000

D. 1∶10000

46. 某二级公路定测阶段中桩高程测量起闭于路线高程控制点上，已知中桩高程测量的路线长度为 1.96km，中桩高程测量闭合差的限差应不大于（　　）。

A. 14mm　　　　　　　　　　　　　　B. 28mm

C. 42mm　　　　　　　　　　　　　　D. 56mm

47. 下列关于定测阶段地形图测绘的表述，符合规范规定的是（　　）。

A. 地形、地物发生变化的路段，应全部重测

B. 地形、地物发生变化较大的路段，应予修测

C. 隧道应按最终确定的洞口位置测绘洞口地形图

D. 地形图范围不能满足设计要求时，可用小比例尺地形图放大补充

48. 下列关于定测阶段占地勘测与调查，调查土地内容阐述正确的是（　　）。

A. 应调查常种作物和近 2 年平均产量

B. 应调查常种作物和近 3 年平均产量

C. 应调查常种作物和近 4 年平均产量

D. 应调查常种作物和近 5 年平均产量

49. 对于受拉束筋的锚固长度，束筋内各单根钢筋应自锚固起点开始以规范表值规定的单根钢筋的锚固长度的 1.3 倍呈阶梯形逐根延伸后截断，该要求适用于束筋等代直径大于（　　）。

A. 25mm　　　　　　　　　　　　　　B. 28mm

C. 30mm　　　　　　　　　　　　　　D. 32mm

50. 在进行钢筋混凝土梁设计时，纵向受拉钢筋不宜在受拉区截断，如需截断，应从按正截面抗弯承载力计算充分利用点至少延伸1倍钢筋最小锚固长度加梁截面有效高度，同时应考虑从正截面抗弯承载力计算不需要点至少延伸（　　）。

    A. 10倍主筋直径

    B. 20倍主筋直径

    C. 梁截面有效高度

    D. 1倍钢筋最小锚固长度

51. 受弯构件斜截面受力破坏形态中，发生剪压破坏的剪跨比一般为（　　）。

    A. <1　　　　　　　　　　B. 1~3

    C. >3　　　　　　　　　　D. 4~6

52. 受压构件内纵向受力钢筋设置于离角筋中心距离大于150mm或箍筋直径一定倍数（两者取较大者）时应设复合箍筋，这个规定的倍数是（　　）。

    A. 10倍　　　　　　　　　B. 12倍

    C. 15倍　　　　　　　　　D. 20倍

53. 在进行偏心受压构件承载能力极限状态验算时，考虑偏心距增大系数是因为需要计入（　　）。

    A. 构件轴线施工误差引起的二阶效应

    B. 构件截面施工误差引起的二阶效应

    C. 轴向力作用位置偏差引起的二阶效应

    D. 荷载作用产生侧向挠曲引起的二阶效应

54. 验算矩形截面钢筋混凝土构件裂缝宽度时，对受弯、偏心受拉、偏心受压构件，有效受拉混凝土截面面积取（　　）。

    A. 受拉钢筋面积的两倍

    B. 受拉钢筋重心至受拉区边缘的面积

    C. 受拉钢筋重心至受拉区边缘面积的两倍

    D. 受拉钢筋面积乘以钢筋与混凝土弹性模量之比的两倍

55. 预应力混凝土与普通钢筋混凝土相比，其优点描述不确切的是（　　）。

    A. 可以减小主拉应力

    B. 提高了构件的抗裂度和刚度

    C. 可以节省材料，减少自重，增大跨越能力

    D. 施工工艺简单，施工质量容易保证

56. 根据《中华人民共和国公路法》，下列规定正确的是（　　）。

　　A. 国家鼓励国内经济组织依法投资建设、经营公路，但不提倡国外经济组织投资建设、经营公路

　　B. 公路建设项目的施工，须按国务院交通主管部门的规定报请县级以上地方人民政府交通主管部门批准

　　C. 依据《中华人民共和国公路法》规定，出让公路收费权的收入，原则上归原业主自主使用，但必须按规定缴纳出让的各项费用

　　D. 承担大、中型公路建设项目的可行性研究单位、勘察设计单位，必须持有国家规定的资质证书，小型公路建设项目必须持有县级及以上交通主管部门规定的资质证书

57. 根据《中华人民共和国建筑法》，承揽工程符合规定的是（　　）。

　　A. 建筑工程必须由一个单位总承包

　　B. 不同资质等级的单位实行联合共同承包的，可按照资质等级高的单位的业务许可范围承揽工程

　　C. 大型建筑工程或者结构复杂的建筑工程，可以由两个以上的承包单位联合共同承包，共同承包的各方对承包合同的履行承担连带责任

　　D. 大型建筑工程或者结构复杂的建筑工程，可以由两个以上的承包单位联合共同承包，共同承包的各方必须对本身的承包内容负责，对承包合同的履行不承担连带责任

58. 根据《建设工程质量管理条例》，勘察单位未按照工程建设强制性标准进行勘察的，下列处罚正确的是（　　）。

　　A. 处 50 万元以上，100 万元以下的罚款

　　B. 责令改正，处 10 万元以上，30 万元以下的罚款

　　C. 责令改正，处 20 万元以上，50 万元以下的罚款

　　D. 责令改正，处 5 万元以上，20 万元以下的罚款

59. 违反《建设工程勘察设计管理条例》，未经注册，擅自以注册建设工程勘察、设计人员的名义从事建设工程勘察、设计活动的，除责令停止违法行为、没收违法所得外，还须处罚款，金额为违法所得收入的（　　）。

　　A. 1~2 倍　　　　　　　　　　　　　B. 1~3 倍

　　C. 3~6 倍　　　　　　　　　　　　　D. 2~5 倍

60. 根据 2018 年 6 月 1 日起施行的《必须招标的工程项目规定》，《中华人民共和国招标投标法》第三条规定范围内的项目，勘察、设计、监理等服务的采购，必须招标的单项合同估算价为（　　）。

　　A. 50 万元人民币以上　　　　　　　　B. 100 万元人民币以上

　　C. 200 万元人民币以上　　　　　　　　D. 300 万元人民币以上

注册道路工程师执业资格考试专业基础考试模拟试卷（五）

单项选择题（共60题，每题2分。每题的备选项中只有一个最符合题意。）

1. 当建筑材料的孔隙率增大时，则该材料的性质保持不变的是（   ）。
   A. 真实密度
   B. 表观密度
   C. 堆积密度
   D. 毛体积密度

2. 厚大体积的混凝土工程施工中，不宜使用的水泥是（   ）。
   A. 硅酸盐水泥
   B. 矿渣水泥
   C. 火山灰水泥
   D. 复合水泥

3. 某用于水泥混凝土路面工程的细集料，其筛分试验中4.75mm、2.36mm、1.18mm、0.6mm、0.3mm、0.15mm、0.075mm筛孔的筛余百分比为2.8%、5.9%、9.6%、14.2%、40.1%、22.4%、5%，则细集料分类为（   ）。
   A. 粗砂　　　　　　　　　　B. 中砂
   C. 细砂　　　　　　　　　　D. 特细砂

4. 在无机结合料稳定材料的目标配合比设计过程中，不包括的工作内容是（   ）。
   A. 优化集料级配
   B. 确定结合料的最佳掺配比例
   C. 验证混合料相关的设计及施工指标
   D. 确定结合料剂量标定曲线

5. 在最佳含水率条件下，制作无机结合料稳定材料无侧限抗压强度试件应满足的条件是（   ）。
   A. 混合料干密度与击实试验的最大干密度一致
   B. 混合料干密度与击实试验的最大干密度一致，但应按现场压实度标准折算
   C. 混合料湿密度与击实试验的最大湿密度一致
   D. 混合料湿密度与击实试验的最大湿密度一致，但应按现场压实度标准折算

6. 当缺少近期同一品种、同一强度等级混凝土的强度资料时，按照《普通混凝土配合比设计规程》（JGJ 55—2011）的规定，C40 水泥混凝土的配制强度应不小于（　　）。

　　A. 46.0MPa　　　　　　　　　　　　B. 46.6MPa

　　C. 48.2MPa　　　　　　　　　　　　D. 49.9MPa

7. 已知水泥混凝土的砂石比为 0.60，则该混凝土的砂率约为（　　）。

　　A. 38%　　　　　　　　　　　　　　B. 60%

　　C. 63%　　　　　　　　　　　　　　D. 67%

8. 表征道路石油沥青塑性变形能力的指标是（　　）。

　　A. 针入度　　　　　　　　　　　　　B. 延度

　　C. 软化点　　　　　　　　　　　　　D. 针入度指数

9. 测定沥青混合料稳定度和流值的试验方法是（　　）。

　　A. 马歇尔试验

　　B. 冻融劈裂试验

　　C. 车辙试验

　　D. 弯曲蠕变试验

10. 表面多孔、吸水率大的集料不宜用于沥青混合料的主要原因是（　　）。

　　A. 压碎值低

　　B. 针片状颗粒含量多

　　C. 耐磨性差

　　D. 沥青用量高

11. 在碳素结构钢中，低碳钢的含碳量标准是（　　）。

　　A. ＜ 0.20%　　　　　　　　　　　　B. ＜ 0.25%

　　C. ＜ 0.30%　　　　　　　　　　　　D. ＜ 0.35%

12. 某土样的粒径级配累积曲线中间出现较大范围的水平段，则该土的级配可能存在的情况是（　　）。

　　A. 粒径均匀

　　B. 粒径较小

　　C. 粒径较大

　　D. 缺少中间粒径

13. 下列土的物理性质指标中，常用烘干法测定的指标是（　　）。

    A. 含水率

    B. 孔隙比

    C. 干密度

    D. 天然密度

14. 渗透性可能受到矿物成分的影响，下列土类中渗透性受矿物成分影响较大的是（　　）。

    A. 卵石　　　　　　　　　　　B. 砂土

    C. 粉砂土　　　　　　　　　　D. 黏性土

15. 不透水基岩上有水平分布的三层土，厚度均为0.5m，渗透系数分别为：$k_1=0.001$m/d，$k_2=0.2$m/d，$k_3=10$m/d，土体水平向的平均渗透系数为（　　）。

    A. 2.5m/d　　　　　　　　　　B. 3.4m/d

    C. 5.1m/d　　　　　　　　　　D. 10.2m/d

16. 某地基上作用竖向矩形均布荷载，矩形中心点下方土层受到的附加应力随深度增加的变化规律是（　　）。

    A. 增大

    B. 减小

    C. 先增大后减小

    D. 先减小后增大

17. 土的室内侧限压缩试验得到的e-p曲线中，横坐标p对应的应力是（　　）。

    A. 自重应力

    B. 附加应力

    C. 有效应力

    D. 超静孔隙水压力

18. 直剪试验通过控制剪切速率近似模拟现场土体排水条件，不同直剪试验类型按排水条件与三轴试验之间存在一一对应关系，与固结不排水三轴试验对应的直剪试验类型是（　　）。

    A. 快剪

    B. 固结快剪

    C. 慢剪

    D. 不固结快剪

19. 同一饱和黏性土在相同竖向压力作用下进行直剪试验,破坏时剪切面剪应力最大的试验方法是(　　)。

    A. 快剪

    B. 慢剪

    C. 固结快剪

    D. 固结排水剪

20. 饱和软黏土地基在外荷载作用下,随着孔隙水压力的消散,土体强度的变化趋势是(　　)。

    A. 增长
    B. 不变
    C. 急剧降低
    D. 缓慢降低

21. 依据太沙基一维固结理论,标志地基固结完成的情况是(　　)。

    A. 固结系数等于1

    B. 时间因数等于0

    C. 平均固结度等于1

    D. 平均固结度等于0

22. 根据地基承载力的构成,下列不利于提高地基承载力的措施是(　　)。

    A. 增大基础宽度

    B. 减小基础埋深

    C. 增大地基的密实度

    D. 基础外围填土

23. 在土坡稳定分析时任意假设一个滑动面就可以计算出相应的土坡稳定安全系数。在所有滑动面对应的安全系数中,能代表土坡稳定程度的安全系数是(　　)。

    A. 最大值
    B. 最小值
    C. 平均值
    D. 均方根

24. 下列全部属于岩浆岩构造类型的是(　　)。

    A. 板状、块状、流纹状、杏仁状

    B. 片麻状、流纹状、气孔状、杏仁状

    C. 块状、流纹状、气孔状、杏仁状

    D. 千枚状、流纹状、气孔状、杏仁状

25. 关于影响岩石工程性质的主要因素，下列说法正确的是（　　）。

   A. 风化作用会破坏岩石的完整性

   B. 水对所有岩石强度的影响是可逆的过程

   C. 含有高强度矿物的岩石，其强度一定就高

   D. 胶结联结的岩石比结晶联结的岩石具有更高的强度

26. 以下各组术语中，属于沉积岩结构、构造特征的是（　　）。

   ①碎屑结构；②斑状结构；③泥质结构；④层理构造；⑤片理构造；⑥块状构造

   A. ①④　　　　　　　　　　　　　　B. ①⑤

   C. ②⑤　　　　　　　　　　　　　　D. ③⑥

27. 判别正断层上、下盘运动方向，可依据的现象是（　　）。

   A. 断层崖、地层缺失

   B. 地层缺失、阶步陡坎

   C. 地层缺失、断层擦痕凹槽

   D. 断层擦痕凹槽、牵引弯曲

28. 节理是一种构造地质现象，关于节理，下列说法正确的是（　　）。

   A. 节理也称裂隙

   B. 剪节理主要发育在背斜的轴部

   C. 节理就是层理

   D. 构造节理可以分为原生节理和次生节理

29. 河流侵蚀作用按其侵蚀方向分为下蚀作用和侧蚀作用，河流下蚀作用消失的平面称为（　　）。

   A. 溯源侵蚀面

   B. 剥蚀夷平面

   C. 侵蚀基准面

   D. 地貌水准面

30. 地貌的形成是内力和外力共同作用的结果，如果内力作用使地表的上升量大于外力作用的剥蚀量，形成的地貌是（　　）。

   A. 低地

   B. 剥蚀平原

   C. 山岭地貌

   D. 堆积平原

31. 地下水的储藏和运动位于岩土体的孔隙和裂隙中，有隔水顶板，承受一定压力，不易被污染，水质较好的地下水是（　　）。

　　A. 潜水

　　B. 承压水

　　C. 包气带水

　　D. 上层滞水

32. 滑坡是一种常见的地质灾害，下列容易引发滑坡的因素是（　　）。

　　A. 地形平缓、地质构造发育

　　B. 降雨较多、地质构造发育

　　C. 岩石坚硬且完整、人为切坡

　　D. 软弱岩层、排水措施齐全

33. 岩溶发育受岩性、地质构造和岩溶水的循环交替条件等控制，下列选项中，有利于岩溶发育的组合条件是（　　）。

　　A. 水中 CO_2 含量少、破碎的大理岩

　　B. 水中 CO_2 含量多、破碎的磷灰岩

　　C. 地下水流动性差、破碎的大理岩

　　D. 地下水流动性好、破碎的石灰岩

34. 膨胀土是一种特殊土，下列不属于膨胀土胀缩变形影响因素的是（　　）。

　　A. 黏粒含量

　　B. 天然含水率

　　C. 土粒比重 G_s

　　D. 天然孔隙比

35. 软土是一种特殊土，下列选项中不属于软土工程性质的是（　　）。

　　A. 灵敏度高

　　B. 透水性强

　　C. 孔隙比大

　　D. 压缩性高

36. 根据《公路工程地质勘察规范》(JTG C20—2011)，在初步勘察阶段，关于隧道工程地质及水文地质测试的规定，下列描述不正确的是（　　）。

A. 有害气体、放射性矿体等应按相关规定进行测试、分析

B. 高寒地区应进行地温测试，提供隧道洞门和排水设计所需的地温资料

C. 采取地表水和地下水样，做水质分析，评价水的腐蚀性

D. 水文地质条件复杂时，应进行抽（注）水试验，可不进行地下水动态观测

37.《公路勘测规范》(JTG C10—2007)以中误差作衡量测量精度的指标，观测误差的极限误差为中误差的（　　）。

A. 1 倍
B. 1.5 倍
C. 2 倍
D. 3 倍

38. 高斯平面直角坐标系中，同一纬度上（除 0 外）距离中央子午线越远，其观测点位 X、Y 坐标值投影误差的变化规律是（　　）。

A. X 变大，Y 变大

B. X 变小，Y 变小

C. X 变大，Y 不变

D. X 不变，Y 变大

39. 公路勘测平面控制测量中，GPS 基线测量的中误差应小于公式 $\sigma = \pm\sqrt{a^2 + (b \times d)^2}$ 计算的标准差，当计算 GPS 测量大地高差的精度时，a、b 可放宽的倍数是（　　）。

A. 1.5
B. 2.0
C. 2.5
D. 3.0

40. 公路勘测控制测量中，各等级高程控制网最弱点高程中误差不得大于（　　）。

A. ±25mm
B. ±10mm
C. ±6mm
D. ±2mm

41. 测绘 1：500 比例尺地形图，平坦开阔地区，如果采用全站仪测图，图根点的密度应不少于（　　）。

A. 58 点/km²

B. 45 点/km²

C. 14 点/km²

D. 7 点/km²

42. 利用航空摄影测绘比例为1∶2000的地形图时，航摄比例尺应该选用（　　）。

A. 1∶2000~1∶3000　　　　　　　　B. 1∶4000~1∶6000

C. 1∶8000~1∶12000　　　　　　　　D. 1∶20000~1∶30000

43. 为满足数字地面模型基础数据精度要求，以地形图数字化为数据生成的DTM，其高程插值相对于原地形图的高程误差不得超过原图等高距的（　　）。

A. 1/6　　　　　　　　　　　　　　B. 1/4

C. 1/3　　　　　　　　　　　　　　D. 1/2

44. 公路施工图设计阶段，采用数字地面模型计算纵断面时，中桩桩距应符合（　　）。

A. 30~60m　　　　　　　　　　　　B. 20~50m

C. 10~30m　　　　　　　　　　　　D. 5~20m

45. 公路中桩高程测量应起闭于路线高程控制点上，三级公路中桩高程测量闭合差应（　　）。

A. $\leq 25\sqrt{L}$　　　　　　　　　　　　B. $\leq 30\sqrt{L}$

C. $\leq 40\sqrt{L}$　　　　　　　　　　　　D. $\leq 50\sqrt{L}$

46. 公路初测阶段，不属于管理、服务、养护、收费设施应进行勘测与调查的内容是（　　）。

A. 管理、服务、养护、收费机构的生活、生产所需物资供应条件

B. 设施区域内地表的土质条件，适应种植的树种、草种等

C. 各站区工程地质、水文地质调查

D. 场站联络道路、抢险车辆出入的联络道路及其附属工程

47. 定测阶段中桩高程测量中，沿线需要特殊控制的建筑物、管线、铁路轨顶等，应按规定测出其高程，两次测量之差不超过（　　）。

A. 2cm　　　　　　　　　　　　　　B. 3cm

C. 5cm　　　　　　　　　　　　　　D. $20\sqrt{L}$

48. 公路初测阶段应进行浸水路基勘测与调查，下列描述中不属于沿河路基和河滩路堤勘测与调查内容的是（　　）。

A. 应查明沿河水位、水流特性及对路基的影响

B. 调查河岸地形、地貌、地质构造、岩土特性

C. 应查明河流性质、发育阶段、河滩堆积物质及其颗粒组成、漂浮物、冲淤等及对路基稳定性的影响

D. 应查明河流长度及对河流上、下游的影响

49. 公路桥涵结构按承载能力极限状态设计时，对持久设计状况和短暂设计状况应采用的作用组合是（ ）。

A. 标准组合

B. 基本组合

C. 准永久组合

D. 频遇组合

50. 钢筋混凝土简支梁距支座中心 1/2 梁高处截面的最大剪力设计值为 200kN，此截面处混凝土和钢筋共同承担的剪力设计值及弯起钢筋承担的剪力设计值分别是（ ）。

A. 60kN 及 140kN

B. 80kN 及 120kN

C. 120kN 及 80kN

D. 140kN 及 60kN

51. 受弯构件进行斜截面承载力验算时，斜截面水平投影长度是（ ）。

A. $0.50m/h_0$

B. $0.55m/h_0$

C. $0.60m/h_0$

D. $0.65m/h_0$

52. 钢筋混凝土轴心受压构件截面尺寸为 $b \times h = 300mm \times 400mm$，稳定系数为 0.92，轴心压力设计值为 1750kN，构件的重要性系数为 1.0，混凝土抗压强度设计值为 13.8MPa，纵向钢筋的抗压强度设计值为 330MPa，则所需要的纵向受压钢筋面积至少是（ ）。

A. 746.0mm^2

B. 874.1mm^2

C. 1386.5mm^2

D. 6041.0mm^2

53. 钢筋混凝土受弯构件的长期挠度值，由汽车荷载（不计冲击力）和人群荷载频遇组合在梁式桥主梁产生的最大挠度不应超过计算跨径的（ ）。

A. 1/300

B. 1/600

C. 1/1000

D. 1/1600

54. 钢筋混凝土和 B 类预应力混凝土构件应按作用频遇组合并考虑长期效应的影响验算裂缝宽度。采用预应力螺纹钢筋的 B 类预应力混凝土构件在 II 类（冻融环境）下，其最大裂缝宽度限制值是（ ）。

A. 0.05mm

B. 0.10mm

C. 0.15mm

D. 0.20mm

55. 后张法预应力混凝土构件端部锚固区的总体区有三个位置存在不均匀分布拉应力，由拉应力分布积分可得相应的合力，下列不属于总体区合力的是（   ）。

A. 角部力 B. 剥裂力

C. 劈裂力 D. 边缘拉力

56. 建设工程实行总承包的，总承包单位依法将工程分包给其他单位，分包单位应服从总承包单位的安全生产管理，分包单位不服从管理导致生产安全事故的（   ）。

A. 由总承包单位承担全部责任

B. 由总承包单位承担主要责任

C. 由分包单位承担全部责任

D. 由分包单位承担主要责任

57. 大中型建筑工程项目立项批准后，建设单位应按照（   ）。

A. 工程发包—报建登记—签订施工承包合同—申领施工许可证

B. 报建登记—工程发包—签订施工承包合同—申领施工许可证

C. 报建登记—申领施工许可证—工程发包—签订施工承包合同

D. 申领施工许可证—工程发包—签订施工承包合同—报建登记

58. 合同履行中，执行政府定价的，在合同约定的交付期限内政府价格调整时，按照（   ）。

A. 签约时的价格与交付时的价格中较高的价格计价

B. 签约时的价格与交付时的价格中较低的价格计价

C. 签约时的价格计价

D. 交付时的价格计价

59. 在建筑工程投标过程中，由同一专业的两个以上法人或者其他组织组成的联合体，按照（   ）。

A. 资质等级较低的单位确定资质等级

B. 资质等级较高的单位确定资质等级

C. 承担任务较重的单位确定资质等级

D. 牵头人单位确定资质等级

60. 向施工单位提供施工现场地下管线资料的是（   ）。

A. 建设单位 B. 勘察单位

C. 设计单位 D. 监理单位

注册道路工程师执业资格考试专业基础考试模拟试卷（六）

单项选择题（共60题，每题2分。每题的备选项中只有一个最符合题意。）

1. 细集料试验中，各筛的累计筛余百分率用A_i来表示。现有一细集料，各筛孔累计筛余百分率分别为：$A_{4.75}=3.6$，$A_{2.36}=15.6$，$A_{1.18}=38.2$，$A_{0.6}=73.6$，$A_{0.3}=90.1$，$A_{0.15}=97.2$。则该细集料是（　　）。

   A. 粗砂　　　　　　　　　　　　B. 中砂

   C. 细砂　　　　　　　　　　　　D. 不确定

2. 硅酸盐水泥的细度用比表面积表示，不小于（　　）。

   A. 290m²/kg　　　　　　　　　　B. 300m²/kg

   C. 310m²/kg　　　　　　　　　　D. 320m²/kg

3. 有一组边长为100mm的水泥混凝土立方体试块，各试块的极限荷载分别为36.3kN、38.8kN、40.4kN，则该混凝土抗压强度的测定值为（　　）。

   A. 36.6MPa　　　　　　　　　　B. 38.5MPa

   C. 38.8MPa　　　　　　　　　　D. 40.4MPa

4. 混凝土棱柱体抗冻性试件标准尺寸是（　　）。

   A. 150mm×150mm×150mm

   B. 100mm×100mm×400mm

   C. 150mm×150mm×550mm

   D. 100mm×100mm×350mm

5. 沥青混凝土粗集料最小粒径是（　　）。

   A. 4.75mm　　　　　　　　　　　B. 2.36mm

   C. 1.18mm　　　　　　　　　　　D. 0.075mm

6. 优质消石灰的氧化钙、氧化镁含量至少应该在（　　）以上。

   A. 70%　　　　　　　　　　　　B. 65%

   C. 60%　　　　　　　　　　　　D. 55%

7. 水泥胶砂强度试件，脱模前应在（　　）温度、（　　）湿度的条件下进行养护。

   A. 20℃±1℃，90%

   B. 20℃±1℃，95%

   C. 20℃±2℃，90%

   D. 20℃±2℃，95%

8. 已知水泥砂浆强度等级设计为M10，施工工艺优良，可以将强度提高至（　　）。

   A. 10.5MPa　　　　　　　　　　　B. 11MPa

   C. 11.5MPa　　　　　　　　　　　D. 12MPa

9. 水泥稳定土不易掺塑性指数大于（　　）的土。

   A. 15　　　　　　　　　　　　　　B. 20

   C. 17　　　　　　　　　　　　　　D. 无限制

10. 混凝土拌合物的稠度试验方法有坍落度与坍落扩展度试验和维勃稠度试验两种，其中坍落度与坍落扩展度试验要求新拌混凝土的坍落度不小于（　　）。

    A. 5mm　　　　　　　　　　　　　B. 10mm

    C. 15mm　　　　　　　　　　　　 D. 20mm

11. 改进沥青混合料高温稳定性可采取的措施是（　　）。

    A. 增加粗集料用量

    B. 采用针入度大的沥青

    C. 增加沥青用量

    D. 采用光滑的粗集料

12. 以下渗透性最大的是（　　）。

    A. 纯砾　　　　　　　　　　　　　B. 优质砂和砾混合料

    C. 细砂　　　　　　　　　　　　　D. 黏土

13. 关于流砂现象，以下不正确的是（　　）。

    A. 发生在渗流溢出处

    B. 主要发生在土体内部

    C. 主要发生在砂土、粉土土层

    D. 发生流砂破坏时，土颗粒间压力为0

14. 某透水土质边坡，当高水位快速下降后，岸坡出现失稳，其主要原因最合理的是（   ）。

    A. 土的抗剪强度下降

    B. 土的有效应力增加

    C. 土的渗透力增加

    D. 土的潜蚀作用

15. 受荷载作用的土体，颗粒间传递的应力是（   ）。

    A. 附加应力   B. 有效应力

    C. 总应力   D. 孔隙水压力

16. 最佳含水率对应的是（   ）。

    A. 最大含水率   B. 最大干重度

    C. 最小含水率   D. 最小干重度

17. 下列说法正确的是（   ）。

    A. 压缩指数是无量纲

    B. 压缩模量的单位是 MPa^{-1}

    C. 压缩系数的单位是 MPa

    D. 回弹指数的单位是 MPa

18. 能用 $\tan\varphi/\tan\alpha$ 来验算边坡稳定性的是（   ）。

    A. 砂土   B. 黏土

    C. 粉土   D. 粉质黏土

19. 地基土的总沉降一般包括（   ）。

    A. 瞬时沉降、固结沉降、工后沉降

    B. 瞬时沉降、固结沉降、次固结沉降

    C. 瞬时沉降、次固结沉降、工后沉降

    D. 固结沉降、次固结沉降、工后沉降

20. 关于太沙基条形浅基础极限荷载计算公式的假定，以下说法正确的是（   ）。

    A. 假定基础底面与土之间无摩擦力

    B. 基础的长宽比＜5

    C. 基底以上的土体看作是作用在基础两侧的均布荷载

    D. 地基土破坏形式是刺入剪切破坏

21. 下列指标中，哪一项可作为判定土的软硬程度的指标（　　）。

A. 液限　　　　　　　　　　　　　B. 塑限

C. 液性指数　　　　　　　　　　　D. 塑性指数

22. 矩形基础底面荷载偏心距为0.5m，偏心方向的基础边长为4m，基底边缘最小压力和基底平均压力的比值为（　　）。

A. 0.20　　　　　　　　　　　　　B. 0.25

C. 0.40　　　　　　　　　　　　　D. 0.50

23. 为了近似模拟土体在现场受剪的排水条件，将直剪试验分为（　　）。

A. 快剪、固结快剪、慢剪

B. 快剪、固结慢剪、慢剪

C. 固结排水剪、固结快剪、慢剪

D. 快剪、固结排水剪、慢剪

24. 黄土具有湿陷性的条件，湿陷系数范围条件为（　　）。

A. （0.010，0.015）

B. （0.0，0.010）

C. （0.020，+∞）

D. （0.015，+∞）

25. 盐渍土的特点是（　　）。

A. 湿陷性、膨胀性、腐蚀性

B. 溶陷性、盐胀性、腐蚀性

C. 溶陷性、盐胀性、触变性

D. 湿陷性、盐胀性、超固结性

26. 评价膨胀土工程性质的三个指标是（　　）。

A. 自由膨胀率、线缩率、收缩系数

B. 含水率、线缩率、收缩系数

C. 灵敏度、线缩率、收缩系数

D. 自由膨胀率、含水率、塑性指数

27. 典型的泥石流流域可划分为（　　）三个区段。

A. 形成区、流通区、堆积区

B. 形成区、沉积区、堆积区

C. 汇集区、流通区、堆积区

D. 汇集区、流通区、堆积区

28. 关于河流二元阶地，以下说法正确的是（　　）。

A. 上部是黏土，下部是砂

B. 上部是砂，下部是黏土

C. 上部是砂，下部是卵石

D. 上部是卵石，下部是砂

29. 下列属于沉积岩的是（　　）。

A. 板岩　　　　　　　　　　B. 玄武岩

C. 砂岩　　　　　　　　　　D. 大理岩

30. 下列全部属于变质岩构造类型的是（　　）。

A. 层理构造、千枚状、片状、片麻状

B. 层理构造、千枚状、块状、片麻状

C. 板状、千枚状、片状、片麻状

D. 块状、流纹状、气孔状、杏仁状

31. 对地质构造进行野外观测时，常沿垂直于岩层走向的路线穿越观察，若在地表上观测到的岩层其地质年代依次由新到老，再由老到新，对称分布，这种地质构造为（　　）。

A. 向斜构造　　　　　　　　B. 背斜构造

C. 单斜构造　　　　　　　　D. 褶皱构造

32. 单斜构造岩层的倾向与地面倾斜的方向一致且倾角大于地面坡度时，在地质平面图上地层界线与地形等高线（　　）。

A. 平行

B. 垂直

C. 弯曲方向一致

D. 弯曲方向相反

33. 上盘下降、下盘上升的断层是（　　）。

A. 正断层　　　　　　　　　　　　B. 逆断层

C. 平移断层　　　　　　　　　　　D. 冲断层

34. 物理风化最关键的因素是（　　）。

A. 风　　　　　　　　　　　　　　B. 温度

C. 水　　　　　　　　　　　　　　D. 大气

35. 花岗岩的岩性是（　　）。

A. 酸性岩　　　　　　　　　　　　B. 中性岩

C. 基性岩　　　　　　　　　　　　D. 超基性岩

36. 不适用软土地区原位测试的是（　　）。

A. 扁铲侧胀试验

B. 标准贯入试验

C. 十字板剪切试验

D. 重力触探试验

37. 某公路工程在进行控制测量时，布设了四等平面控制点和四等高程控制点，下列有关该项目控制点的布设要求，符合规范规定的是（　　）。

A. 每一个高程控制点至少应有一相邻点

B. 相邻平面控制点之间距离不得小于500m

C. 构造物每一端应埋设2个以上平面控制点

D. 通视控制点距路线中心线宜大于150m，小于300m

38. 下列关于公路工程GNSS测量的技术要求，符合规范规定的是（　　）。

A. 二等GNSS静态观测时段长度应不小于100min

B. 三等GNSS静态观测时段长度应不小于80min

C. 四等GNSS静态观测时段长度应不小于60min

D. 一级GNSS静态观测时段长度应不小于40min

39. 高架桥平面和高程控制测量的等级应分别为（　　）。

A. 三等、三等　　　　　　　　　　B. 四等、三等

C. 四等、四等　　　　　　　　　　D. 五等、四等

40. 在公路勘测中,用来计算高程的统一系统是(   )。

A. 正高系统

B. 正常高系统

C. 大地高系统

D. 平面坐标系统

41. 下列关于公路工程跨河水准测量的技术要求中,符合规范规定的是(   )。

A. 当水准路线通过宽度超过相应等级水准测量标准视线长度时,可采用一般的水准测量观测方法

B. 当水准路线通过宽度超过相应等级水准测量标准视线长度时,不得采用一般的水准测量观测方法

C. 当水准路线通过宽度为各等级水准测量的标准视线长度 2 倍以下的江河、山谷时,可采用一般的水准测量观测方法进行,但在测站上应变换 1 次仪器高度,观测 2 次

D. 当水准路线通过宽度为各等级水准测量的标准视线长度 3 倍以下的江河、山谷时,可采用一般的水准测量观测方法进行,但在测站上应变换 1 次仪器高度,观测 2 次

42. 某公路工程项目位于平原、微丘区,施工图设计阶段进行地形图测量工作时,需要选择地形图比例尺及基本等高距,下列基本等高距不符合规范要求的是(   )。

A. 0.5m   B. 1m

C. 2m   D. 5m

43. 数字地面模型数据点采样应根据地形起伏变化的实际情况采点,应优先采集测区内的(   )。

A. 等高线、高程注记点

B. 等高线、地形特征点

C. 地形特征线、高程注记点

D. 地形特征线、地形特征点

44. 公路初测阶段现场踏勘的内容包括(   )。

A. 对搜集的控制点进行复测

B. 根据需要进行交通量调查

C. 桥梁、隧道等特殊控制的路段进行实地放桩检查

D. 核查所搜集地形图的地形、地物变化及对初拟方案的影响

45. 在公路初测阶段纸上定线时，下列规定不正确的（　　）。

　　A. 初测阶段不需要实地进行横断面测量

　　B. 需要特殊控制的地段应进行实地放桩

　　C. 高程要求较严格的路段和地点应实测高程

　　D. 一般位置的平面和高程可从地形图上判读

46. 下列有关公路初测阶段大、中桥勘测与调查的描述，符合规范规定的是（　　）。

　　A. 应布设专门的桥梁平面和高程控制网

　　B. 可根据需要进行桥梁纵、横断面测量

　　C. 可根据需要实地放出桥梁轴线、引道位置

　　D. 桥位地形图、水下地形图测绘范围应能满足方案比较和桥梁布孔的需要

47. 某高速公路项目，定测阶段对不设超高路段的圆曲线进行中桩放样时，下列中桩间距选择符合规范规定的是（　　）。

　　A. 20m　　　　　　　　　　　B. 30m

　　C. 40m　　　　　　　　　　　D. 50m

48. 在某三级公路横断面测量中，测点至中桩的水平距离为30m，测点至中桩的高差为5m，下列横断面距离检测互差值满足规范要求的是（　　）。

　　A. 0.30m　　　　　　　　　　B. 0.40m

　　C. 0.60m　　　　　　　　　　D. 0.70m

49. 桥梁设计基准期的含义是（　　）。

　　A. 确定可变作用选用的时间参数

　　B. 确定永久作用选用的时间参数

　　C. 结构或构件失效的年限

　　D. 结构或构件不需大修完成预定功能的年限

50. 钢筋混凝土矩形截面正常使用阶段，验算全截面换算截面面积的公式为（　　）。

　　A. $bh + \alpha_{Es} A_s$

　　B. $bh_0 + \alpha_{Es} A_s$

　　C. $bh + (\alpha_{Es} - 1) A_s$

　　D. $bh_0 + (\alpha_{Es} - 1) A_s$

51. 已知钢筋混凝土矩形截面宽800mm，采用C35混凝土，剪力设计值为3000kN，重要性系数为1，则满足抗剪的最小尺寸高度是（　　）mm。

  A. 1000   B. 1100

  C. 1200   D. 1300

52. 影响钢筋与混凝土之间黏结性能的是（　　）。

  A. 混凝土强度、保护层厚度、钢筋净距、箍筋

  B. 锚固长度、保护层厚度、钢筋净距、架立筋

  C. 架立筋、保护层厚度、钢筋净距、箍筋

  D. 混凝土强度、保护层厚度、钢筋净距、架立筋

53. 在钢筋混凝土适筋梁受弯正截面承载力计算时，需要将混凝土应力图进行简化，下列说法错误的是（　　）。

  A. 混凝土受压区应力分布可近似简化为矩形

  B. 其等效原则是保证混凝土压应力合力大小不变

  C. 混凝土受拉区应力分布可近似简化为矩形

  D. 其等效原则是保证混凝土压应力合力作用点不变

54. 关于大、小偏心受压，下列说法不正确的是（　　）。

  A. 小偏心受压随着压力增大，可承受的弯矩减小

  B. 大偏心受压随着压力增大，可承受的弯矩增大

  C. 小偏心受压构件所能承受的弯矩一定小于大偏心受压构件所能承受的弯矩

  D. 界限状态时，正截面受弯承载力达到最大值

55. 材料性能的各种统计参数和概率分布类型，应以试验数据为基础，运用参数估计和概率分布的假设检验方法确定，其置信度为（　　）。

  A. 0.99   B. 0.97

  C. 0.95   D. 0.90

56. 根据《中华人民共和国民法典》，合同签订后，即明确了双方的（　　）。

  A. 责任和义务

  B. 责任和权利

  C. 权利和义务

  D. 权力和义务

57. 根据《中华人民共和国招标投标法》，合同中的价格是（　　）。

A. 招标价 B. 投标价

C. 标底价 D. 评标价

58. 工程竣工验收合格之日起（　　）天内，建设单位应提出竣工验收报告，向工程所在地县级以上地方人民政府建设行政主管部门（及备案机关）备案。

A. 10 B. 25

C. 15 D. 20

59. 下列关于建设工程勘察、设计文件编制与实施的表述，不正确的是（　　）。

A. 设计单位和注册建筑师等注册执业人员应当对其设计负责

B. 设计单位根据实际情况决定是否按照法律、法规和工程建设强制性标准进行设计

C. 勘察、设计单位应当在建设工程施工前，向施工单位和监理单位说明建设工程勘察、设计意图，解释建设工程勘察、设计文件

D. 编制建设工程勘察文件，应当真实、准确，满足建设工程规划、选址、设计、岩土治理和施工的需要。

60. 根据《建设工程勘察设计管理条例》，下列说法正确的是（　　）。

A. 建设单位发现图纸有问题，直接进行修改

B. 设计文件中选用的材料、构配件和设备，设计单位可以指定生产厂家，其质量要求必须符合国家规定的标准

C. 经原设计单位同意，甲方另外委托具有资质的设计单位改图并承担相关责任

D. 施工方发现图纸有问题，直接联系设计单位进行修改

注册道路工程师执业资格考试专业基础考试模拟试卷（七）

单项选择题（共60题，每题2分。每题的备选项中只有一个最符合题意。）

1. 水泥混凝土粗集料表观密度为2730kg/m³，堆积密度为1560kg/m³，振实密度为1650kg/m³，振实状态下空隙率为（   ）。

    A. 60.4%
    B. 42.9%
    C. 39.6%
    D. 5.5%

2. 沥青混合料粗集料压碎值试样粒径范围是（   ）。

    A. 9.5~16mm
    B. 4.75~13.2mm
    C. 9.5~13.2mm
    D. 4.75~16mm

3. 生石灰分为钙质生石灰和镁质生石灰，分类依据是（   ）。

    A. MgO
    B. CaO
    C. $Mg(OH)_2$
    D. $Ca(OH)_2$

4. 硅酸盐水泥终凝时间不大于（   ）min。

    A. 45
    B. 390
    C. 450
    D. 600

5. 水泥胶砂28d抗折强度为8.7MPa、8.3MPa、6.8MPa，抗压强度为48.5MPa、51.3MPa、52.8MPa、42.0MPa、49.1MPa、47.8MPa，水泥28d的抗折强度、抗压强度分别为（   ）MPa。

    A. 7.9，8.6
    B. 8.3，48.6
    C. 8.5，49.9
    D. 7.9，49.9

6. 关于坍落度法和维勃稠度法，下列说法正确的是（   ）。

    A. 坍落度法适合的情况是最大粒径≤31.5mm，坍落度大于10mm
    B. 坍落度法适合的情况是最大粒径≤37.5mm，坍落度大于10mm
    C. 维勃稠度法适合的情况是最大粒径≤37.5mm，维勃稠度5~30s
    D. 维勃稠度法适合的情况是最大粒径≤31.5mm，维勃稠度5~25s

7. 二灰碎石无侧限抗压试件高与直径相同，尺寸为（   ）。

    A. 100mm×100mm
    B. 150mm×150mm
    C. 50mm×50mm
    D. 150mm×300mm

8. 混凝土立方体抗压强度试验试件的标准养护条件是（　　）。

　　A. 20℃±1℃，95%

　　B. 20℃±1℃，90%

　　C. 20℃±2℃，95%

　　D. 20℃±2℃，90%

9. 沥青黏附性试验，水煮法要求集料粒径范围是（　　）。

　　A. 4.75~9.5mm

　　B. 9.5~13.2mm

　　C. 13.2~19mm

　　D. 19~26.5mm

10. 有抗冻要求的水泥混凝土，宜添加的外加剂是（　　）。

　　A. 缓凝剂　　　　　　　　　　B. 阻锈剂

　　C. 引气剂　　　　　　　　　　D. 速凝剂

11. 钢筋牌号为HRB400E，其中400是指（　　）。

　　A. 屈服强度　　　　　　　　　B. 强屈比

　　C. 抗拉强度　　　　　　　　　D. 断后伸长率

12. 细粒土最佳含水率最接近的指标是（　　）。

　　A. 塑限　　　　　　　　　　　B. 液限

　　C. 缩限　　　　　　　　　　　D. 塑性指数

13. 某原状土，天然土密度 $\rho = 1.7 \times 10^3 \text{kg/m}^3$，含水率 $w = 22.0\%$，土粒相对密度 $d_s = 2.72$，则该土的孔隙比 e 是（　　）。

　　A. 0.73　　　　　　　　　　　B. 0.83

　　C. 0.92　　　　　　　　　　　D. 0.95

14. 位于毛细水带上部，由地表水渗入形成的是（　　）。

　　A. 正常毛细水带

　　B. 毛细饱和水带

　　C. 毛细网状水带

　　D. 毛细悬挂水带

15. 下列关于土的冻胀性，说法正确的是（   ）。

A. 封闭型冻胀明显

B. 气温骤降，且冷却强度很大时，冻土冻胀明显

C. 黏土因为有较厚结合水膜，冻胀相对粉土严重

D. 粗粒土由于没有或只有很少结合水，毛细现象弱，冻胀不明显

16. 成层土体自重应力沿土层深度的分布形状是（   ）。

A. 矩形　　　　　　　　　　　　B. 折线

C. 曲线　　　　　　　　　　　　D. 三角形

17. 关于压实土的压缩性，错误的是（   ）。

A. 取决于它的密度与加荷时的含水率

B. 填土在压实到一定密度后，其压缩模量显著提高

C. 压实土遇水饱和可能产生附加压缩

D. 越接近饱和的黏土，其压缩性越高

18. 当施工进度快，地基土透水性低且排水条件不良时，测定土的抗剪强度指标应选择的三轴试验方法是（   ）。

A. 慢剪法

B. 固结排水剪法

C. 固结不排水法

D. 不固结不排水法

19. 下列关于饱和黏性土固结，说法错误的是（   ）。

A. 渗透系数越大，越容易固结

B. 压缩模量越小，越容易固结

C. 上下两面排水比单面排水容易固结

D. 渗透路径越长，越难固结

20. 地基破坏有不同形式，在基础荷载作用下，形成连续滑动面，并延伸到地表，土从基础两侧挤出，基础沉降急剧增加的破坏形式是（   ）。

A. 冲剪破坏

B. 局部剪切破坏

C. 刺入剪切破坏

D. 整体剪切破坏

21. 对同一地基,承载力数值最小的是（　　）。
    A. 临界荷载 $P_{1/3}$
    B. 临界荷载 $P_{1/4}$
    C. 临塑荷载 P_{cr}
    D. 极限承载力 P_u

22. 忽略土条间竖向剪切力并规定滑动面上切向力大小的是（　　）。
    A. 瑞典圆弧法
    B. 瑞典条分法
    C. 毕肖普法
    D. 简布法

23. 饱和黏性土沉降过程中地基土孔隙水逐渐被挤出,孔隙体积逐渐减小的沉降是（　　）。
    A. 瞬时沉降
    B. 固结沉降
    C. 徐变沉降
    D. 次固结沉降

24. 某岩石呈浅灰色,可见结晶颗粒遇稀盐酸强烈起泡,具有层理构造,则该岩石是（　　）。
    A. 大理岩
    B. 花岗岩
    C. 石灰岩
    D. 流纹岩

25. 岩石在水的作用下,强度和稳定性降低,该性质称为（　　）。
    A. 吸水性
    B. 软化性
    C. 溶解性
    D. 抗冻性

26. 断层可分为多种,由于形成的力学条件与褶皱近似,多与褶皱伴生的是（　　）。
    A. 正断层
    B. 逆断层
    C. 平移断层
    D. 走向断层

27. 一幅完整的地质图应包括三部分,分别是（　　）。
    A. 平面图、立面图、剖面图
    B. 平面图、侧面图、剖面图
    C. 平面图、剖面图、俯视图
    D. 平面图、剖面图、柱状图

28. 从工程地质角度,岩石风化层自下而上分为4带,分别是（　　）。
    A. 微风化带、中风化带、强风化带、全风化带
    B. 全风化带、强风化带、中风化带、微风化带
    C. 微风化带、强风化带、中风化带、全风化带
    D. 微风化带、强风化带、全风化带、中风化带

29. 下列河流地质作用中,能形成蛇曲的是（　　）。

A. 下蚀　　　　　　　　　　　　B. 侧蚀

C. 搬运　　　　　　　　　　　　D. 沉积

30. 由于地壳急剧上升,河流下蚀很快而形成的河流阶地,其特点是多由基岩组成,阶地面较狭窄,但强度高,稳定性好,这种河流阶地是指（　　）。

A. 侵蚀阶地

B. 堆积阶地

C. 基座阶地

D. 侵蚀阶地/堆积阶地

31. 在越岭线中,对于薄而瘦的垭口,常常采用深挖方式,以降低过岭高程,缩短展线长度,这种薄而瘦的垭口指的是（　　）。

A. 构造型垭口

B. 剥蚀型垭口

C. 堆积型垭口

D. 剥蚀堆积型垭口

32. 地下水按埋藏条件可以分为三类,在包气带内、局部隔水层之上积聚的具有自由水面的重力水称为（　　）。

A. 潜水　　　　　　　　　　　　B. 承压水

C. 岩溶水　　　　　　　　　　　D. 上层滞水

33. 地下水在基础工程施工过程中,可能引起基坑突涌,破坏坑底的稳定性,给施工带来一定困难的地下水是（　　）。

A. 潜水　　　　　　　　　　　　B. 裂隙水

C. 承压水　　　　　　　　　　　D. 上层滞水

34. 滑坡可以从多个不同的角度进行分类,按滑动的力学性质,滑坡可分为（　　）。

A. 顺层滑坡和切层滑坡

B. 切层滑坡和均质滑坡

C. 黄土滑坡和黏土滑坡

D. 牵引式滑坡和推动式滑坡

35. 当路线经过泥石流流域时，若沟谷比较开阔，且泥石流沟距大河较远，可以考虑的路线方案是（   ）。

    A. 走堆积扇的顶部

    B. 走堆积扇的边缘

    C. 走堆积扇的中部

    D. 跨河绕道走对岸

36. 膨胀土之所以具有显著的吸水膨胀和失水收缩，且胀缩变形往复可逆等物性，主要是含有强亲水性的黏土矿物，其中影响最大的黏土矿物是（   ）。

    A. 高岭石   B. 伊利石

    C. 蒙脱石   D. 绿泥石

37. 公路勘测控制测量中，二级公路平面控制测量应选用的等级是（   ）。

    A. 一级   B. 二级

    C. 三等   D. 四等

38. 公路控制测量一级导线测量中，导线全长相对闭合差应不大于（   ）。

    A. 1/52000

    B. 1/35000

    C. 1/17000

    D. 1/11000

39. 公路勘测地形图图根控制测量中，条件受限制时，可设支导线，但支导线的边数不得超过（   ）。

    A. 1 条   B. 2 条

    C. 3 条   D. 4 条

40. 公路勘测 1∶1000 比例尺地形图测绘，光电测距法测距的最大长度不超过（   ）。

    A. 240m   B. 360m

    C. 600m   D. 900m

41. 公路勘测航空摄影测量中，同一航带航向像片重叠度一般值应符合的范围是（   ）。

    A. 50%~55%   B. 55%~60%

    C. 60%~65%   D. 65%~70%

注册道路工程师执业资格考试专业基础考试模拟试卷（七）

42. 为满足数字地面模型基础数据精度要求，以野外实测数据生成的DTM，山岭地形类别，其高程插值相对于最近高程控制点的高程中误差应满足（   ）。

   A. ≤±0.2m
   B. ≤±0.4m
   C. ≤±0.5m
   D. ≤±0.7m

43. 公路勘测初步设计阶段，方案比选采用数字地面模型计算横断面时，横断面取值（取点）间距应符合的规定是（   ）。

   A. 10~15m
   B. 5~10m
   C. 2~5m
   D. 1~2m

44. 公路初测阶段，纸上定线应进行的勘测内容是（   ）。

   A. 越岭路线需要进行纵坡控制的地段，应实地放坡并进行纵、横断面测量
   B. 路线上一般地形变坡点的高程可从图上判读，对高程要求较严格的路段和地点应实测其高程，点绘纵、横断面图
   C. 应将高填深挖地段、大型桥梁、隧道、立体交叉以及特殊控制的地段标注于地形图上，并读取高程，点绘纵、横断面图
   D. 应在地形图上点绘所有横断面图

45. 公路初测阶段大、中桥地形图应满足的测量范围是（   ）。

   A. 上游、下游各为桥长的1.5~2.5倍
   B. 上游应为桥长的1.5~2.5倍，下游为桥长的1~2倍
   C. 沿桥轴线方向应测到两岸历史最高洪水位或设计水位以上1m或洪水泛滥线以外30m
   D. 应能满足方案比较、桥梁布孔、桥头引道和调治构造物的布置要求

46. 公路设计初测阶段，符合隧道控制测量要求的是（   ）。

   A. 需设置独立坐标系
   B. 可不专门布设隧道平面和高程控制网
   C. 布设的控制点不需要纳入路线控制测量进行施测
   D. 布设路线控制网时，隧道进出口各布设1个平面控制点

47. 公路施工图设计阶段，不属于沿线筑路材料调查的内容是（   ）。

   A. 应对初步设计调查的料场逐一核查，并进一步补充调查
   B. 对所有调查的料场均应进行比较，根据材料用量，最后确定采用料场
   C. 对大型料场进行必要的勘探与试验
   D. 复测1∶2000~1∶5000地形图及纵、横断面图

48. 公路定测阶段，不符合排水勘测与调查内容要求的是（　　）。
   A. 应对该地区已有的排水设施工作情况进行实地调查
   B. 确定排水设施形式、横断面尺寸、加固措施，并测量起讫桩号、长度、进出口位置
   C. 需进行特殊设计的集水、排水、输水工程设施，应实地放出轴线，进行纵、横断面测量
   D. 根据需要，测绘比例尺为1：5000的地形图

49. 公路桥涵结构按正常使用极限状态设计时，应根据不同的设计要求，采用作用的组合是（　　）。
   A. 基本组合或频遇组合
   B. 基本组合或偶然组合
   C. 频遇组合或准永久组合
   D. 频遇组合或偶然组合

50. 计算钢筋混凝土简支梁近支点和连续梁边支点梁段斜截面抗剪承载力时，下列复核位置选取不正确的是（　　）。
   A. 距支座中心$h/2$处截面（h为梁高）
   B. 受压区弯起钢筋弯起点处截面
   C. 箍筋数量或间距改变处截面
   D. 构件腹板宽度变化处截面

51. 考虑到梁支座附近出现斜裂缝时，为保证纵向受拉钢筋的锚固要求，《公路钢筋混凝土及预应力混凝土桥涵设计规范》规定在钢筋混凝土简支梁的支点处，下层受拉纵向钢筋的通过数量是（　　）。
   A. 至少1根且不少于总数的1/4
   B. 至少2根且不少于总数的1/4
   C. 至少1根且不少于总数的1/5
   D. 至少2根且不少于总数的1/5

52. 钢筋混凝土偏心受压构件发生小偏心受压破坏时，一般是受压区边缘混凝土的应变达到极限压应变，受压区混凝土被压碎；同一侧的钢筋压应力达到屈服强度，而另一侧的钢筋（　　）。
   A. 受压屈服
   B. 受拉屈服
   C. 受拉破坏
   D. 达不到屈服强度

53. 钢筋混凝土轴心受压构件，当配有纵向受力钢筋和普通箍筋时，其正截面抗压承载力应符合的规定是（   ）。

   A. $\gamma_0 N_d \leqslant \varphi(f_{cd}A + f'_{sd}A'_s)$

   B. $\gamma_0 N_d \leqslant 0.9\varphi(f_{cd}A + f'_{sd}A'_s)$

   C. $\gamma_0 N_d \leqslant 0.8\varphi(f_{cd}A + f'_{sd}A'_s)$

   D. $\gamma_0 N_d \leqslant 0.7\varphi(f_{cd}A + f'_{sd}A'_s)$

54. 受弯构件在使用阶段的挠度应考虑长期效应的影响，即按作用的频遇组合和规范规定的刚度计算的挠度值，乘以挠度长期增长系数η_θ。当采用C40以下混凝土时，挠度长期增长系数的取值是（   ）。

   A. 1.30　　　　　　　　　　B. 1.45

   C. 1.60　　　　　　　　　　D. 1.75

55. 先张法预应力混凝土构件在传力锚固后的损失（第二批）σ_{lII}阶段的预应力损失值组合是（   ）。

   A. $\sigma_{l2} + \sigma_{l3} + \sigma_{l4} + 0.5\sigma_{l5}$

   B. $0.5\sigma_{l5} + \sigma_{l6}$

   C. $\sigma_{l5} + \sigma_{l6}$

   D. $\sigma_{l1} + \sigma_{l2} + \sigma_{l4}$

56. 建设工程施工前，应当就有关安全施工的技术要求向施工作业班组、作业人员作出详细说明的人员是（   ）。

   A. 施工单位负责项目管理的技术人员

   B. 施工单位的项目经理

   C. 设计单位的技术人员

   D. 监理工程师

57. 甲乙两施工单位组成联合体中标，双方约定如出现质量问题各自承担50%的责任，后由于甲公司原因导致工程出现质量问题而给建设单位带来了损失，建设单位要求索赔10万元，则下列说法正确的是（   ）。

   A. 由于是甲公司的原因导致，故建设单位只能向甲公司主张权利

   B. 因约定各自承担50%，故乙公司只应对建设单位承担5万元的赔偿责任

   C. 如果建设单位向乙公司主张，则乙公司应先对10万元索赔额承担责任

   D. 只有甲公司无力承担，乙公司才应先承担责任

58. 《中华人民共和国民法典》(合同编)第五百八十五条规定,当事人可以约定一方违约时应当根据违约情况向对方支付一定数额的违约金,也可以约定因违约产生的损失赔偿额的计算方法。下列关于违约金的说法错误的是(　　)。

　　A. 约定的违约金低于造成的损失的,人民法院或者仲裁机构可以根据当事人的请求予以增加

　　B. 约定的违约金过分低于造成的损失的,人民法院或者仲裁机构可以根据当事人的请求予以增加

　　C. 约定的违约金过分高于造成的损失的,人民法院或者仲裁机构可以根据当事人的请求予以适当减少

　　D. 当事人就迟延履行约定违约金的,违约方支付违约金后,还应当履行债务

59. 道路工程项目的招标方式有(　　)。

　　A. 公开招标 + 邀请招标

　　B. 公开招标 + 议标

　　C. 邀请招标 + 议标

　　D. 公开招标 + 邀请招标 + 议标

60. 根据《建设工程质量管理条例》,建设工程竣工验收主体是由(　　)组织验收。

　　A. 监理单位　　　　　　　　　　　B. 建设单位

　　C. 施工单位　　　　　　　　　　　D. 质量监督机构

注册道路工程师执业资格考试专业基础考试模拟试卷（八）

单项选择题（共60题，每题2分。每题的备选项中只有一个最符合题意。）

1. 砂的细度模数越大表示砂（　　）。
   A. 越粗
   B. 越细
   C. 级配越好
   D. 级配越差

2. 以下指标中，不属于评价沥青与集料黏附性的试验方法是（　　）。
   A. 水煮法
   B. 水浸法
   C. 光电分光光度法
   D. 亚甲蓝法

3. 关于石灰材料的叙述，不正确的为（　　）。
   A. 陈伏是为了消除欠火石灰的危害
   B. 过火石灰在使用中易引起体积膨胀
   C. 石灰浆的硬化包括结晶作用和碳化作用
   D. 石灰原料的主要成分为碳酸钙和碳酸镁

4. 采用石灰稳定类比较理想的土质类型是（　　）。
   A. 粉土
   B. 黏土
   C. 砂土
   D. 砂

5. 粗集料中针片状颗粒含量的大小将会影响到（　　）。
   A. 混凝土的抗冻性
   B. 集料与水泥的黏结效果
   C. 混凝土的力学性能
   D. 集料的级配

6. 在混凝土中加入引气剂的主要目的是提高混凝土的（　　）。
   A. 抗冻性
   B. 耐水性
   C. 早期强度
   D. 抗蚀性

7. 在水泥强度相同的情况下，随着水灰比增大，则水泥混凝土的强度（　　）。

    A. 增加

    B. 降低

    C. 先增加后降低

    D. 先降低后增加

8. 水泥混凝土试件成型后、脱模前的养护环境条件应满足（　　）。

    A. 温度(20±2)℃，相对湿度大于50%

    B. 温度(20±2)℃，相对湿度大于90%

    C. 温度(20±5)℃，相对湿度大于50%

    D. 温度(20±5)℃，相对湿度大于90%

9. 沥青黏滞性越大，其相应的（　　）。

    A. 针入度越大

    B. 高温稳定性越差

    C. 抗车辙能力越弱

    D. 稠度越高

10. 沥青混合料配合比设计三阶段中不包括（　　）。

    A. 目标配合比设计阶段

    B. 生产配合比设计阶段

    C. 生产配合比验证阶段

    D. 基准配合比设计阶段

11. 钢材的含碳量高，则（　　）。

    A. 强度、硬度、塑性都提高

    B. 强度提高，塑性降低

    C. 强度降低，塑性提高

    D. 强度、塑性都降低

12. 土的天然重度 γ、饱和重度 γ_{sat}、干重度 γ_d、有效重度 γ' 在数值上的关系为（　　）。

    A. $\gamma_{sat} \geq \gamma \geq \gamma_d > \gamma'$

    B. $\gamma_{sat} \geq \gamma' \geq \gamma_d > \gamma$

    C. $\gamma_{sat} \geq \gamma \geq \gamma' > \gamma_d$

    D. $\gamma_{sat} \geq \gamma_d \geq \gamma > \gamma'$

13. 在下列指标中，不可能大于1的指标是（　　）。

　　A. 含水率　　　　　　　　　　B. 孔隙比

　　C. 液性指数　　　　　　　　　D. 饱和度

14. 下述关于渗透力的描述，正确的为（　　）。

　　①数值与水力梯度成正比；②方向与渗流路径方向一致；③是体积力。

　　A. 仅①③正确

　　B. 全正确

　　C. 仅①②正确

　　D. 仅②③正确

15. 条形均布荷载中心线下，附加应力随深度减小，其衰减速度与基础宽度 b 的关系是（　　）。

　　A. 与 b 无关

　　B. b 越大，衰减越慢

　　C. b 越大，衰减越快

　　D. 不确定

16. 当地下水位突然从地表下降至基底平面处，对基底附加应力的影响是（　　）。

　　A. 没有影响

　　B. 基底附加压力增大

　　C. 基底附加压力减小

　　D. 不确定

17. 两个土性相同的土样，单轴压缩试验得到变形模量 E_0，侧限压缩试验得到压缩模量 E_s 两者之间的相对关系为（　　）。

　　A. $E_0 > E_s$　　　　　　　　B. $E_0 = E_s$

　　C. $E_0 < E_s$　　　　　　　　D. 不确定

18. 浅基础的极限承载力是指（　　）。

　　A. 地基中将要出现但尚未出现塑性区时的荷载

　　B. 地基中塑性区开展的最大深度为1/4基底宽时的荷载

　　C. 地基中塑性区开展的最大深度为1/3基底宽时的荷载

　　D. 地基中达到整体剪切破坏时的荷载

19. 用分层总和法计算地基沉降时,附加应力曲线表示(   )。

   A. 总应力

   B. 孔隙水压力

   C. 有效应力

   D. 超孔隙水压力

20. 下列不属于单向固结理论基本假定的(   )。

   A. 压缩土体为均质、各向同性的饱和土体

   B. 饱和土体中的水体和土颗粒不可压缩

   C. 土体中水的流动属于紊流

   D. 一次性加荷

21. 均质黏土土坡稳定性分析中假定滑动面是(   )。

   A. 平面　　　　　　　　　　　　B. 圆弧

   C. 复合滑动面　　　　　　　　　D. 不规则曲面

22. 瑞典条分法在分析时忽略了(   )。

   A. 土条间的作用力

   B. 土条间的法向作用力

   C. 土条间的切向作用力

   D. 一切作用力

23. 某无黏性土坡坡角 $\beta = 30°$,内摩擦角 $\varphi = 42°$,则稳定安全系数为(   )。

   A. 1.56　　　　　　　　　　　　B. 1.70

   C. 1.66　　　　　　　　　　　　D. 1.46

24. 野外工作中,常用指甲、铁刀刃、玻璃、钢刀刃鉴别矿物的硬度。其中铁刀刃的硬度大约为(   )。

   A. 2~2.5　　　　　　　　　　　 B. 3~3.5

   C. 5~5.5　　　　　　　　　　　 D. 6~6.5

25. 玄武岩是属于(   )。

   A. 浅成岩

   B. 深成岩

   C. 喷出岩

   D. 火山碎屑岩

26. 根据物质组成的特点，沉积岩一般分为（　　）。

　　A. 碎屑岩类、化学岩类、生物岩类

　　B. 碎屑岩类、黏土岩类、化学及生物化学岩类

　　C. 黏土岩类、化学岩类、生物化学岩类

　　D. 碎屑岩类、生物化学岩类、黏土岩类

27. 下列矿物中属于变质矿物的是（　　）。

　　A. 石榴子石　　　　　　　　　　B. 长石

　　C. 石英　　　　　　　　　　　　D. 方解石

28. 地壳表层岩石在太阳辐射、水、大气和生物等因素的共同作用下，发生物理和化学的变化，使岩石崩解破碎以至逐渐分解的作用，称为（　　）。

　　A. 搬运作用　　　　　　　　　　B. 风化作用

　　C. 固结成岩作用　　　　　　　　D. 沉积作用

29. 轴面倾斜，两翼岩层倾向相反，倾角不相等为（　　）。

　　A. 直立褶皱　　　　　　　　　　B. 倾斜褶皱

　　C. 倒转褶皱　　　　　　　　　　D. 平卧褶皱

30. 当岩层的倾向与地面倾斜的方向相反时，在山脊处"V"字形的尖端朝向（　　）。

　　A. 山麓　　　　　　　　　　　　B. 上游

　　C. 山里　　　　　　　　　　　　D. 下游

31. 影响岩石风化的内部因素是（　　）。

　　A. 湿度和压力

　　B. 化学活泼性流体

　　C. 岩石的性质和构造

　　D. 矿物的联结力

32. 关于残积层的说法错误的是（　　）。

　　A. 作为路堑边坡时，应考虑可能出现的坍塌和冲刷等问题

　　B. 作为建筑物的地基时，应考虑其承载能力和可能产生的不均匀沉陷

　　C. 残积层具有较多的孔隙和裂缝，易遭冲刷，强度和稳定性较差

　　D. 在垂直剖面上，上部碎屑的粒径较大，向下部逐渐细小

33. 坡脚受到强烈冲刷或不合理的切坡，或者受到地震的影响，可能引起古滑坡复活，威胁建筑物稳定的是（   ）。

  A. 直线形坡　　　　　　　　　　B. 凸形坡

  C. 凹形坡　　　　　　　　　　　D. 阶梯形坡

34. 下列不属于地下水埋藏类型的是（   ）。

  A. 上层滞水　　　　　　　　　　B. 孔隙水

  C. 潜水　　　　　　　　　　　　D. 承压水

35. 具有特殊大孔隙、垂直节理发育的土是（   ）。

  A. 软土　　　　　　　　　　　　B. 黄土

  C. 膨胀土　　　　　　　　　　　D. 盐渍土

36. 野外原位试验不包括（   ）。

  A. 载荷试验

  B. 静力触探试验

  C. 动力触探试验与标准贯入试验

  D. 模拟试验

37. 测量工作的基本原则是从整体到局部、从高级到低级和（   ）。

  A. 从控制到碎部

  B. 从碎部到控制

  C. 控制与碎部并行

  D. 测图与放样并行

38. 用DJ_6经纬仪观测水平角，要使角度平均值中误差不大于3″，应观测（   ）测回。

  A. 2　　　　　　　　　　　　　　B. 4

  C. 6　　　　　　　　　　　　　　D. 8

39. 以中央子午线北端作为基本方向顺时针量至直线的夹角称为（   ）。

  A. 坐标方位角

  B. 子午线收敛角

  C. 磁方位角

  D. 真方位角

40. 消除视差的正确方法是（   ）。

A. 仔细调节目镜

B. 仔细进行物镜对光

C. 仔细进行目镜对光然后进行物镜对光

D. 仔细进行物镜对光然后进行目镜对光

41. 按1/2基本等高距描绘出的等高线称为（   ）。

A. 计曲线　　　　　　　　　　　B. 间曲线

C. 首曲线　　　　　　　　　　　D. 助曲线

42. 下列关于现场定线勘测内容说法错误的是（   ）。

A. 现场定线一般适用于一、二级公路的路线选取

B. 现场踏勘前，应在地形图上确定控制点，选择最佳路线

C. 越岭路线或受纵坡控制的路段，应选择好坡面及展线方式进行放坡展线

D. 现场定线时，可采用直接定交点法、延长直线钉设转点或交点的方法确定路线交点位置

43. 高速公路、一级和二级公路两次测量之差应满足（   ）。

A. ≤5mm　　　　　　　　　　　B. ≤10mm

C. ≤15mm　　　　　　　　　　 D. ≤20mm

44. 中线测量中，转点的作用是（   ）。

A. 传递高程

B. 传递方向

C. 传递桩号

D. A、B、C 都不是

45. 测绘1∶5000比例尺的地形图时，其比例尺的精度为（   ）。

A. 0.5m　　　　　　　　　　　　B. 1m

C. 5m　　　　　　　　　　　　　D. 0.05m

46. 下列叙述正确的是（   ）。

A. 江河、平原、洼地属于地物

B. 江河、湖泊、森林属于地貌

C. 江河、平原、丘陵属于地貌

D. 江河、湖泊、道路属于地物

47. 高程控制点距离路线中心应大于（　　）m，小于（　　）m。

　　A. 100，200　　　　　　　　　　B. 50，300

　　C. 50，200　　　　　　　　　　　D. 100，300

48. 高速公路、一级公路隧道贯通长度L满足（　　）。

　　A. $L < 2000m$

　　B. $L < 3000m$

　　C. $L > 2000m$

　　D. $L > 3000m$

49. 其他条件相同的钢筋混凝土梁与素混凝土梁相比（　　）。

　　A. 破坏荷载和开裂荷载都有较大程度的提高

　　B. 破坏荷载有较大程度的提高，开裂荷载提高不大

　　C. 开裂荷载有较大程度的提高，破坏荷载提高不大

　　D. 破坏荷载和开裂荷载都提高不大

50. 钢筋与混凝土能够共同工作，这主要是由于钢筋和混凝土的线膨胀系数相近，而且它们之间（　　）。

　　A. 力学性能相近

　　B. 存在黏结力

　　C. 钢筋受拉而混凝土受压

　　D. 能相互吸引

51. 适筋梁截面破坏的主要特征是（　　）。

　　A. 破坏截面上受拉钢筋不屈服，受压区混凝土被压碎

　　B. 破坏截面上受拉钢筋屈服的同时受压区混凝土也被压碎

　　C. 破坏截面上受压区混凝土先被压碎而后受拉钢筋屈服

　　D. 破坏截面上受拉钢筋先屈服而后受压区混凝土被压碎

52. 钢筋混凝土梁受拉区边缘开始出现裂缝是因为受拉边缘（　　）。

　　A. 受拉混凝土的应力达到混凝土的实际抗拉强度

　　B. 受拉混凝土达到混凝土的抗拉标准强度

　　C. 受拉混凝土达到混凝土的设计强度

　　D. 受拉混凝土的应变超过极限拉应变

53. 受弯构件斜截面受剪承载力计算时，验算$\gamma_0 V_d \leqslant 0.51 \times 10^{-3}\sqrt{f_{cu,k}}bh_0$的目的是（　　）。

    A. 防止发生斜压破坏

    B. 防止发生超筋破坏

    C. 防止截面尺寸过大

    D. 防止发生少筋破坏

54. 矩形截面大偏心受压构件截面设计时需补充条件$x = \xi_b h_0$，这是为了（　　）。

    A. 保证不发生小偏心受压破坏

    B. 充分利用混凝土的抗压强度，使设计的钢筋用量达到最少

    C. 保证破坏时，远离轴向力作用一侧的钢筋应力达到屈服强度

    D. 使受压构件发生适筋破坏

55. 长期荷载作用下，钢筋混凝土梁的挠度会随时间增加而加大，其主要原因是（　　）。

    A. 受拉钢筋产生塑性变形

    B. 受压混凝土产生塑性变形

    C. 受压混凝土产生收缩变形

    D. 受压混凝土产生徐变

56. 下列不属于建设工程合同的是（　　）。

    A. 勘察合同　　　　　　　　　B. 设计合同

    C. 监理合同　　　　　　　　　D. 施工分包合同

57. 公路勘察设计招标投标时，视为投标人相互串通投标行为的是（　　）。

    A. 投标人之间约定中标人

    B. 不同投标人的投标文件相互混装

    C. 投标人之间约定部分投标人放弃投标或者中标

    D. 属于同一集团、协会、商会等组织成员的投标人按照该组织要求协同投标

58. 施工现场及毗邻区域内的各种管线及地下工程的有关资料（　　）。

    A. 应由建设单位向施工单位提供

    B. 应由监理单位提供

    C. 施工单位必须在开工前自行查清

    D. 应由政府有关部门提供

59. 按照《建设工程质量管理条例》的规定，施工人员对涉及结构安全的试块、试件以及有关材料进行现场取样时应当（　　）。

    A. 在设计单位监督现场取样

    B. 在监督单位或监理单位监督下现场取样

    C. 在施工单位质量管理人员监督下现场取样

    D. 在建设单位或监理单位监督下现场取样

60. 根据《建设工程勘察设计管理条例》的规定，勘察、设计单位未依据项目批准文件对勘察设计单位罚款，正确的是（　　）。

    A. 责令限期整改并处以合同约定的勘察费、设计费 1 倍以上 2 倍以下的罚款

    B. 责令限期整改并处以 10 万元以上 30 万元以下罚款

    C. 处 10 万元以上 30 万元以下罚款

    D. 逾期不改正的处 10 万元以上 30 万元以下罚款

注册道路工程师执业资格考试专业基础考试模拟试卷（一）
解析与答案

1. 解 石料的酸碱性通常是根据石料中的 SiO_2 含量来确定的，SiO_2 含量大于 65% 为酸性材料，SiO_2 含量小于 52% 为碱性材料，SiO_2 含量在 52%~65% 之间为中性材料。

答案：A

2. 解 级配曲线图通常采用半对数坐标，即纵坐标的通过率为算数坐标，横坐标的粒径为对数坐标。

答案：B

3. 解 硅酸盐水泥的强度主要来源于矿物成分硅酸三钙（C_3S）与硅酸二钙（C_2S）。

答案：A

4. 解 引起水泥安定性不良的因素主要有熟料中所含的游离氧化钙、游离氧化镁过多或掺入的石膏过多。

答案：C

5. 解 无机结合料稳定材料是指将一定剂量的水泥、石灰等无机结合料或其他固化剂掺入各种经过粉碎、原来松散的土或碎（砾）石中，加水拌和后得到的混合料。常用的无机结合料稳定类材料主要包括水泥稳定类、石灰稳定类、石灰粉煤灰（二灰）稳定类。

答案：C

6. 解 改善混凝土拌合物流动性的措施包括：①改善砂、石（特别是石子）的级配。②尽量采用较粗的砂石。③尽量降低砂率，通过试验，采用合理砂率。④当混凝土拌合物坍落度太小时，保持水灰比不变，适当增加水泥浆用量；当坍落度太大但黏聚性良好时，保持砂率不变，适当增加砂、石用量。⑤有条件时尽量掺用减水剂、引气剂等外加剂。

答案：D

7. 解 水泥混凝土的抗弯拉强度采用标准方法制备成 150mm×150mm×550mm 的梁形试件，在标准条件下养护 28d 后，按三分点双点加载方式进行试验。

答案：C

8. 解 沥青的热稳定性、流变性和黏滞性主要受沥青质含量的影响。沥青质含量越高，软化点越高，黏度越大。

答案：A

9. 解 在沥青混合料材料组成相同的情况下，适当减小混合料的空隙率，更有利于粗集料形成空间骨架结构，从而提高沥青混合料的内摩阻力，改善高温抗车辙性能。

答案：B

10. 解 钢材的屈强比是指屈服下限强度和极限抗拉强度之比。

答案：B

11. 解 木材干湿变形最大的方向是弦向。

答案：C

12. 解 土的指标可通过试验方法直接测得的有：土的密度与重度、土粒相对密度和土的含水率。

答案：C

13. 解 土中水与固体颗粒之间并不是机械地混合，而是存在着复杂的物理化学作用。根据颗粒表面静电应力作用的强弱，可以划分为三种类型：强结合水、弱结合水和自由水。当黏土中存在强结合水时，黏土表现为固态；当黏土中的水为弱结合水时，黏土呈可塑状态，弱结合水对黏性土的性质影响很大。

答案：C

14. 解 特殊土分为黄土、膨胀土、红黏土、盐渍土以及冻土。

答案：B

15. 解 $\rho = 110/53 = 2.075 \text{g/cm}^3$

$$w = \frac{110-90}{90} = 0.222$$

$$\rho_d = \frac{\rho}{1+w} = \frac{2.075}{1+0.222} = 1.7 \text{g/cm}^3$$

答案：B

16. 解 若水的渗流方向自下而上，当实际水力梯度大于临界水力梯度时，向上的动水力将大于土的有效重度，此时土颗粒将处于悬浮状态而失去稳定，从而形成流土现象。

答案：D

17. 解 土中应力包括自重应力和附加应力，前者是因土受到重力作用而产生，因其伴随着土的形成就存在，也称为长驻应力；后者是因受到建筑物等外荷载作用而产生的。

答案：A

18. 解 地下水位下降时，水中土体部分减少，该部分重度由γ'增大为γ，因此会引起有效自重应力增加，从而使基底附加压应力（$p_0 = p - \gamma z$）减小，基底下土中附加应力减小；反之，地下水位上升时，会引起有效自重应力减小，附加应力增加。

答案： B

19. 解 竖向集中力作用下的地基附加应力，由法国数学家布辛奈斯克1885年用弹性理论推导。

答案： B

20. 解 土的压缩性指的是土受压时体积缩小的性能，主要是其中孔隙体积被压缩而引起，题中提到对于w相同但S_r不同的三种土，其中S_r越大，说明孔隙中水的体积越大，就越不能被压缩，压缩性越小。

答案： B

21. 解 整体剪切破坏：具有轮廓分明的从地基到地面的连续剪切滑动面，邻近基础的土体有明显的隆起，可使上部结构随基础发生突然倾斜，造成灾难性破坏。由题可知为整体剪切破坏的特征。

答案： B

22. 解 已知条形基础在中心荷载下的地基承载力公式为 $p_u = 0.5\gamma b N_r + q N_q + c N_c$。当 $\varphi = 0$ 时，$N_r = 0$，所以两者承载力一样。

答案： C

23. 解 无黏性土坡的稳定性与坡角有关，与坡高无关。

答案： B

24. 解 矿物的条痕是指矿物在无釉白色瓷板上划擦时留下的粉末的颜色。矿物的条痕可以消除假色，减弱他色，比矿物颜色稳定得多，是鉴定矿物的重要标志之一。

答案： B

25. 解 他色是矿物混入了某些杂质所引起的，与矿物的本身性质无关。

答案： B

26. 解 不完全解理：常出现断口，解理面很难出现，如磷灰石。

答案： D

27. 解 气孔状构造常为玄武岩、浮岩等喷出岩所具有。

答案： D

28. 解 沉积岩是地壳表面分布最广的一种岩石，体积占地壳体积的5%，出露面积约占陆地表面积的75%。

答案： D

29. 解 碎屑颗粒互不接触，散布于胶结物中，称为基底式胶结。它胶结紧密，岩石孔隙度小，较其他胶结方式的岩石强度高。孔隙式胶结的工程性质与碎屑颗粒成分、形状及胶结物成分都有关系，强度变化较大。接触式胶结的岩石，一般都是孔隙度大、重度小、吸水率高、强度低，透水性强。

答案：A

30. 解 根据内动力方式的不同，地质作用可以分为构造运动、地震作用、岩浆及火山作用、变质作用四种类型。

答案：D

31. 解 先沉积的老岩层在下，后沉积的新岩层在上，形成产状近于水平的岩层称水平构造，亦称水平岩层。因此，对于水平构造始终是较新的岩层分布在地势较高的地方，较老的岩层出露在地势较低的地方。

答案：A

32. 解 当地层走向与岩层走向大致平行时，断层使一盘上升或下降，地面遭受剥蚀夷平后，沿着地表顺倾向方向观察，会看到相同地层的不对称重复出现，或者该出现的地层却没有出现的现象。

答案：B

33. 解 矿物中的低价元素与大气中的游离氧化合变为高价元素的作用，称为氧化作用。氧化作用是地表极为普遍的一种自然现象。在湿润的情况下，氧化作用更为强烈。

答案：D

34. 解 溯源侵蚀使分水岭不断遭到剥蚀切割，河流长度不断增加，以及产生河流的袭夺现象。

答案：C

35. 解 断层破碎带型垭口：这种垭口的工程地质条件比较差。岩体的整体性被破坏，经地表水侵入和风化，岩体破碎严重，一般不宜采用隧道方案；如采用路堑，也需控制开挖深度或考虑边坡防护，以防止边坡发生崩塌。

答案：C

36. 解 滑坡常见的防治措施有：①排水：修截排水沟排除地表水，截水盲沟、盲洞、渗管、渗井、垂直钻孔等排除滑坡体内的地下水。②力学平衡法：如在滑坡体下部修筑抗滑片石垛、抗滑挡墙、抗滑桩、锚索抗滑桩、锚固框架等支挡建筑物，以增加滑坡下部的抗滑力。在滑坡体的上部刷方减载以减小其滑动力，在滑体下部填方压脚以增大抗滑力等。③改善滑动面（带）的土石性质：一般采用焙烧、压浆及化学加固等物理化学方法。

答案：B

37. 解 在埋设控制测量桩时，控制测量桩高出地面的位置不超过5cm。

答案：A

38. 解 路线控制桩的长度不小于30cm。

39. 解　当竖直度盘为顺时针注记时，其盘左和盘右竖直角计算公式分别为：90°−L，R−270°。

答案：A

40. 解　∠C = 180°−∠A−∠B，用误差传播定律计算。中误差为3″和4″的平方和的算术平方根，即为±5″。

答案：C

41. 解　三等水准测量采用双面尺法的观测程序是：后黑—前黑—前红—后红。

答案：A

42. 解　"DJ"是"大地经纬仪"拼音缩写，下标2是指一测回方向中误差为2。

答案：C

43. 解　正常情况，人眼在图纸上能分辨出的最小距离为 0.1mm，即在图纸上当两点间距离小于0.1mm 时，人眼就无法再分辨。因此，在地形图上0.1mm 所代表的实地水平距离称为地形图的比例尺精度。

答案：D

44. 解　等高线平距越小，地面坡度就越大；平距越大，则坡度越小；坡度相同，平距相等。因此，可以根据地形图上等高线的疏、密来判定地面坡度的大、小。同时还可以看出：等高距越小，显示地貌就越详细。

答案：A

45. 解　各等级公路高程控制网最弱点高程中误差不得大于±25mm，用于跨越水域和深谷的大桥、特大桥的高程控制网最弱点高程中误差不得大于±10mm。

答案：D

46. 解　路线放线采用的方法有极坐标法、链距法、偏角法等。

答案：D

47. 解　中桩高程测量方法有水准测量、三角高程测量和GPS RTK 方法测量。

答案：D

48. 解　施工测量是指为施工所进行的控制、放样和竣工验收等的测量工作。

答案：C

49. 解　同一强度等级的混凝土立方体强度大于轴心抗压强度，轴心抗压强度大于抗拉强度。

答案：A

50. 解 受弯构件的承载能力计算公式可表示为，$\gamma_0 M_d \leqslant M_u = f_{cd} b h_0^2 \xi(1-0.5\xi)$，可见截面高度对承载能力的影响最大。

答案：C

51. 解 梁的受拉区纵向受力钢筋一层能排下时，改成两排后因钢筋合力重心上移使正截面受弯承载力降低。

答案：B

52. 解 受弯构件斜截面受剪承载力计算时，若$\gamma_0 V_d > 0.51 \times 10^{-3} \sqrt{f_{cu,k}} b h_0$，应采取的措施是增大截面尺寸或提高混凝土强度等级。

答案：C

53. 解 小偏心受压构件的破坏特征是远离轴向力作用一侧的钢筋可能受拉可能受压，靠近轴向力作用一侧的混凝土被压碎，钢筋受压屈服。

答案：B

54. 解 正常使用极限状态验收的依据是带裂缝阶段，即第Ⅱ阶段。

答案：D

55. 解 预应力混凝土构件的混凝土强度等级不应低于C40。

答案：D

56. 解 《中华人民共和国标准化法》(2018年)第二条第二、三款规定，标准包括国家标准、行业标准、地方标准、团体标准、企业标准。国家标准分为强制性标准、推荐性标准，行业标准、地方标准是推荐性标准。强制性标准必须执行。国家鼓励采用推荐性标准。

答案：D

57. 解 《中华人民共和国森林法》第七十一条规定，侵害森林、林木、林地的所有者或者使用者的合法权益的，依法承担侵权责任。

答案：A

58. 解 根据《中华人民共和国民法典》，担保方式有五种，即保证、抵押、质押、留置和定金。订金不等于定金，订金只有预付款功能没有双倍返还功能。

答案：A

59. 解 见《建设工程安全生产管理条例》第二十六条规定。专家进行论证、审查内容依然是专项施工方案，所以施工单位技术负责人签字，专家审查前应先经施工单位审核，此处说明应经施工单位技术负责人审核签字，而不是项目技术负责人审核签字。《危险性较大的分部分项工程安全管理规定》(住房和城乡建设部令〔2018〕37号）第十二条对此有规定。

答案：C

60.解 《建设工程质量管理条例》第六十条第二款规定，未取得资质证书承揽工程的，予以取缔，依照前款规定处以罚款；有违法所得的，予以没收。

答案：B

注册道路工程师执业资格考试专业基础考试模拟试卷（二）解析与答案

1. 解　集料的几种密度从大到小为：真实密度＞表观密度＞毛体积密度＞堆积密度。计算集料真实密度时，质量取m_s，体积取V_s；计算集料表观密度时，质量取m_s，体积取V_s与V_n（集料矿物实体中闭口孔隙体积）之和；计算集料毛体积密度时，质量取m_s，体积取V_s、V_n与V_i（集料矿物实体中开口孔隙体积）之和；计算集料堆积密度时，质量取m_s，体积取V_s、V_n、V_i与V_v（集料颗粒间空隙体积）之和。

答案：D

2. 解　硅酸盐水泥水化时，放热量最大且放热速度最快的是C_3A。

答案：C

3. 解　水泥稳定材料的强度随着水泥剂量的增加而增长。但是过多的水泥用量，在获得较高强度的同时，可能会增加其收缩性。

答案：A

4. 解　水泥稳定材料组成设计的目的是确定水泥剂量、混合料的最佳含水率和最大干密度。

答案：C

5. 解　生石灰（CaO）加水反应生成氢氧化钙的过程，称为石灰的消化或熟化。反应生成的产物氢氧化钙称为熟石灰或消石灰。

答案：C

6. 解　混凝土拌合物的和易性又常称为工作性，是指其易于搅拌、运输、浇捣成型，并能获得质量均匀密实的混凝土的一项综合技术性能。影响混凝土拌合物和易性的主要因素包括：单位用水量、浆集比、水灰比、砂率、水泥的品种和细度、集料的品种和粗细程度、外加剂、时间和气候条件。

答案：A

7. 解　工程上常采用沥青的针入度指数（PI）来评价胶体结构类型。$PI > +2$属于凝胶结构，$-2 \leqslant PI \leqslant +2$属于溶—凝胶结构，$PI < -2$属于溶胶结构。针入度指数是应用针入度和软化点的试验结果来表征沥青感温性的一种指标。PI值大表示沥青感温性小。一般认为PI在$-1\sim+1$之间的沥青适宜修筑沥青路面。

答案：D

8. 解　土工合成材料的力学性质包括：拉伸强度、撕裂强度、顶破强度、刺破强度和穿透强度等。

答案：D

9. 解 评价沥青老化性能的试验方法包括薄膜烘箱加热试验、旋转薄膜加热试验和压力老化容器法。水煮法用于评价沥青与矿料黏附性。

答案：A

10. 解 抽提试验用于测定沥青混合料中的沥青含量。

答案：A

11. 解 设计中一般将钢材的屈服点作为强度的取值依据。钢结构的容许应力等于钢材的屈服强度除以材料分项系数。

答案：A

12. 解 塑性指数大于10的土定名为黏性土。黏性土根据塑性指数分为粉质黏土和黏土。塑性指数大于10且小于或等于17的土，定名为粉质黏土；塑性指数大于17的土定名为黏土。

答案：D

13. 解 密实度 = 干密度/最大干密度

答案：C

14. 解 $46 - 24 = 22$

答案：A

15. 解 松砂受振时土颗粒在其跳动中会调整相互位置，孔隙减小，土的结构趋于稳定和密实。

答案：B

16. 解 土体具有压缩性，是由孔隙的减少引起的。

答案：B

17. 解 冻胀现象通常发生在细粒土中。因为细粒土的毛细现象显著，冻结现象更明显。

答案：A

18. 解 $v = \dfrac{Q}{A} = ki = k \times \dfrac{\Delta h}{L}$

式中，k 为渗透系数，Δh 为水头差，L 为渗流路径。

答案：D

19. 解 自重应力随深度的增加而增大；在求地下水位以下的自重应力时，应取其有效重度计算；土的自重应力分布曲线是一条折线，拐点在土层交界处和地下水位处。

答案：C

20. 解 由建筑物的荷载或其他外荷载在地基内所产生的应力称为附加应力。

答案： B

21. 解 在τ-σ坐标系中，抗剪强度直线和莫尔应力圆相切时，土中某点的剪应力达到抗剪强度，土体处于极限平衡状态。

答案： A

22. 解 试验证明，最优含水率与压实能量有关。对同一种土，用人力夯实时，因能量小，要求土粒之间有较多的水分使其更为润滑。因此，最优含水率较大而得到的最大干重度却较小。

答案： B

23. 解 液性指数为天然含水率和塑限之差与塑性指数之比值，反映土在天然条件下所处的状态（软硬程度）。

答案： D

24. 解 岩石按组成，可分为单矿岩、复矿岩；按岩石成因，可分为岩浆岩、沉积岩和变质岩三大类。

答案： A

25. 解 沉积岩主要由陆源碎屑物质、黏土矿物、化学沉积矿物、有机质及生物残骸等物质组成。按组成物质、颗粒大小及形状等方面的特点，一般分为碎屑结构、泥质结构、结晶结构及生物结构四种。

答案： D

26. 解 岩石的抗压强度最高，抗剪强度居中，抗拉强度最小。岩石越坚硬，其值相差越大。岩石的抗剪强度和抗压强度是评价岩石稳定性的重要指标。

答案： A

27. 解 褶皱构造的基本形态是背斜与向斜。

答案： A

28. 解 沉积岩地层的接触关系基本上可以分为整合接触和不整合接触两种。整合接触指上下两套岩层产状一致，相互平行，连续沉积形成，其间不缺失某个时代的岩层。不整合接触指上下岩层间的层序有了间断，即先后沉积的地层之间缺失了一部分地层。它分为平行不整合（也称假整合）和角度不整合（即狭义的不整合）。角度不整合不仅上下两套岩层之间的地质年代不连续，而且产状也不相同。

答案： D

29. 解 物理风化作用、化学风化作用、生物风化作用及其多种风化方式都具有其独立意义。但是，在许多情况下，它们相伴而生，并相互影响和促进，共同破坏岩石，使整块岩石破碎为块石，再破碎为碎石甚至粉末，若含有有机质则形成土壤。本题描述的特征属于块石带。

答案：B

30. 解 坡积层是山区公路勘测设计中经常遇到的第四纪陆相沉积物中的一个成因类型，它顺着坡面沿山坡的坡脚或山坡的凹坡呈缓倾斜裙状分布，在地貌上称为坡积裙。

答案：C

31. 解 从地质作用看，可以将垭口归纳为三个基本类型：①构造型垭口；②剥蚀型垭口；③剥蚀—堆积型垭口。

答案：A

32. 解 一般地，均质无黏性土滑坡的滑动面为平面，均质黏性土滑坡的滑动面为圆弧面，其余滑坡多为复合滑动面。

答案：A

33. 解 承压含水层在地形适宜处露出地表时，可以泉或溢流形式排向地表或地表水体。

答案：A

34. 解 斜坡高、陡是形成崩塌的必要条件。调查表明，规模较大的崩塌，一般多产生在高度大于30m、坡度大于45°（大多数介于55°~75°之间）的陡峻斜坡上。

答案：D

35. 解 根据断层两盘相对位移的情况，可以分为正断层、逆断层和平移断层三种。正断层：上盘沿断层面相对下降，下盘相对上升的断层；逆断层：上盘沿断层面相对上升，下盘相对下降的断层；平移断层：由于岩体受水平扭应力作用，使两盘沿断层面发生相对水平位移的断层。

答案：D

36. 解 筑路材料情况调查包括：筑路材料的种类、产地、质量、数量、规格、开采方法、运输方法、运距、物理力学性质等。

答案：C

37. 解 图根点的点位中误差应不大于所测比例尺图上0.1mm，高程中误差应不大于测图基本等高距的1/10。

答案：B

38. 解 公路勘测在进行一级平面控制测量时，用DJ_2经纬仪进行水平角观测的半测回归零差应小于或等于12″。

答案：B

39. 解 数字地面模型应用于施工图测设阶段时，原始三维地面数据必须野外实测采集。DTM高程插值中误差应不大于±0.2m。

答案：B

40.解 高速公路和一级公路的平面控制测量等级应选用不低于一级。

答案：A

41.解 GPS 基线测量的中误差应小于按式 $\sigma = \pm\sqrt{a^2+(b\cdot d)^2}$ 计算的标准差，各等级控制测量固定误差 a、比例误差系数 b 的取值应符合规定。计算 GPS 测量大地高差的精度时，a、b 可放宽至 2 倍。

答案：A

42.解 同一个公路项目应采用同一个高程系统，并应与相邻项目高程系统相衔接。各等级公路高程控制网最弱点高程中误差不得大于±25mm；用于跨越水域和深谷的大桥、特大桥的高程控制网最弱点高程中误差不得大于±10mm。

答案：C

43.解 公路设计初测阶段，现场踏勘过程中，应根据项目特点及自然、地理、社会环境调整并确定勘测方法与勘测方案。

答案：A

44.解 现场定线应进行的勘测内容：

（1）现场定线一般适用于三、四级公路的线路选取。

（2）现场踏勘前，应在地形图上确定控制点、绕避点，选择路线通过的最佳位置。

（3）越岭路线或受纵坡控制的路段，应选择好坡面及展线方式进行放坡展线。

（4）现场定线时，可采用直接定交点法、延长直线钉设转点或交点的方法确定路线交点位置。

（5）选设的交点和转点作为测量控制点使用时，应进行护桩并按照二级平面控制测量的要求测定角度和长度。如不作为测量控制点使用时，应将交点和转点与路线控制测量点联测，确定交点和转点坐标。

答案：C

45.解 测深点的布测可采用断面或散点形式；采用测深仪测绘公路大桥、特大桥水下地形图时，一般水域断面线上测深点图上最大间距为 1.0~1.5cm。

答案：B

46.解 公路定测路线中线敷设时，路线中桩间距应符合下表规定。

中 桩 间 距　　　　　　　　　　　　　　　　　　题46解表

直线（m）		曲线（m）			
平原、微丘	重丘、山岭	不设超高的曲线	$R>60$	$30<R<60$	$R<30$
50	25	25	20	10	5

答案： D

47. 解 公路勘测定测阶段，中桩高程测量精度与要求应符合下表规定。

中桩高程测量精度　　　　　　　　　　　　　　　题47解表

公　路　等　级	闭合差（mm）	两次测量之差（mm）
高速公路，一、二级公路	$\leq 30\sqrt{L}$	≤ 5
三级及三级以下公路	$\leq 50\sqrt{L}$	≤ 10

答案： B

48. 解 公路与公路交叉应进行以下勘测与调查：

（1）调查相交公路的名称、相关区域的路网规划、交叉位置、地名及里程、修建时间、公路等级、技术标准、路面结构类型、排水和防护工程情况及其在路网中的作用。

（2）补充调查相交公路的交通量、交通组成。

（3）测量交叉角度、交叉点高程、纵坡坡度、路基宽度、路面宽度及厚度。

答案： B

49. 解 材料强度的设计值是材料强度标准值除以材料性能分项系数后的值，材料性能分项系数需根据不同材料，进行构件分析得到的可靠性指标达到规定的目标可靠指标及工程经验校准来确定。在进行设计时，作用乘以大于1的系数，材料强度除以大于1的系数，是为了使结构更安全。

答案： D

50. 解 可变作用的代表值可分为标准值、组合值、频遇值和准永久值。

答案： C

51. 解 第三阶段，受拉区钢筋应力达到屈服强度，钢筋拉应变增加较快，中和轴快速移动，梁混凝土裂缝急剧开展，压应力不断增大，当受压边缘压应变达到极限压应变时，受压区混凝土出现纵向水平裂缝，混凝土被压碎，梁宣告破坏。

答案： A

52. 解 为满足斜截面抗弯的要求，弯起钢筋的弯起点位置应设在按正截面抗弯承载力计算该钢筋的强度全部被利用的截面以外，弯起点至弯起钢筋强度充分利用截面的距离不小于$h_0/2$。

答案： C

53. 解 影响斜截面抗剪承载力的主要因素有剪跨比、混凝土强度、纵向受拉钢筋的配筋率、箍筋的配筋率。

答案： B

54. 解 钢筋与混凝土之间具有良好的黏结性能。黏结力由化学胶着力、摩擦力和机械咬合力组成。

答案：B

55. 解 先张法是先张拉预应力钢筋，后浇筑混凝土，预应力钢筋和混凝土黏结在一起，不存在管道摩擦。后张法是先浇筑混凝土（预留管道），待混凝土硬化后，再张拉预应力钢筋并锚固，张拉时预应力钢筋与管道摩擦会产生预应力损失。

答案：A

56. 解 根据《中华人民共和国公路法》第六条，公路按技术等级分为高速公路、一级公路、二级公路、三级公路和四级公路。

答案：C

57. 解 见《建设工程质量管理条例》第二十五条、第二十七条的规定。该题可以用排除法，选项B违反第二十五条资质要求且属于违法分包，选项C、D违反交通运输部、住建部的部门规章和合同约定。这3个选项很容易看出是违法分包。所以选项A是正确的。对于劳务分包，只要是将劳务作业分包给有劳务资质的法人［应是单位，不能是自然人（如包工头）］，就不需建设单位许可，但是劳务也不允许再分包。见《房屋建筑和市政基础设施工程施工分包管理办法》第九条和第十四条第一款等。不过有个特殊情况考生要注意：乙是总包，将非主体非关键专业工程分包给丙，丙又将工程中的劳务分包给丁（劳务公司），则依据第五条第三款是合法的。

实际上，选项B、C、D不是《建设工程质量管理条例》的原文，原文在《中华人民共和国建筑法》第二十九条第一、三款中，本题实际是考《中华人民共和国建筑法》的内容。

答案：A

58. 解 《中华人民共和国森林法》第三十七条规定，矿藏勘查、开采以及其他各类工程建设，确需占用林地的，应当经县级以上人民政府林业主管部门审核同意，依法办理建设用地审批手续。占用林地的单位应当缴纳森林植被恢复费。

答案：C

59. 解 《建设工程安全生产管理条例》第二条第二款规定，本条例所称建设工程，是指土木工程、建筑工程、线路管道和设备安装工程及装修工程。

选项D不属于条例规定的建设工程范围。

答案：D

60. 解 《中华人民共和国建筑法》第七十三条规定，建筑设计单位不按照建筑工程质量、安全标准进行设计的，责令改正，处以罚款；造成工程质量事故的，责令停业整顿，降低资质等级或者吊销资质证书，没收违法所得，并处罚款；造成损失的，承担赔偿责任；构成犯罪的，依法追究刑事责任。

答案：D

注册道路工程师执业资格考试专业基础考试模拟试卷（三）解析与答案

1.解 无机结合料稳定土无侧限抗压强度试验，试件养生7d，其中在潮湿空气中养生6d，浸水1d。

答案： C

2.解 石灰稳定土强度的影响因素包括土质、含水率、灰质。和易性通常用于水泥混凝土和水泥砂浆。

答案： D

3.解 石膏的主要作用是作为缓凝剂。在没有石膏的情况下，水泥熟料磨细后加水会很快凝结，影响施工和检验，添加适量石膏后，石膏中的硫酸钙与水泥熟料中的铝酸三钙反应生成钙矾石，减少水泥的水化速度，从而起到缓凝的作用。

答案： D

4.解 水泥混凝土配合比设计的主要内容包括：根据经验公式和试验参数确定各组成材料的比例，得出"初步配合比"；以初步配合比在试验室进行试拌，观察混凝土拌合物的和易性是否满足要求，调整后提出"基准配合比"；对混凝土进行强度复核，如有其他要求，也应作出相应的检验复核，以便确定出满足施工、强度和耐久性要求的"设计配合比"（或"试验室配合比"）；在施工现场，依据现场砂石材料的含水率对配合比进行修正，得出"施工配合比"。

答案： B

5.解 和易性是一项综合技术性质，包括流动性、保水性和黏聚性。

答案： A

6.解 评价沥青与集料黏附性的方法包括水煮法和水浸法。水煮法适用于粒径大于13.2mm的碎石。水浸法适用于集料最大粒径小于13.2mm的粗集料。

答案： A

7.解 沥青路面的抗渗能力主要取决于沥青路面的空隙率。空隙率越大，其抗渗能力越差。

答案： C

8.解 沥青耐久性受热、氧、光、雨水、交通强度等因素的影响。风对沥青路面的影响极小。

答案： C

9.解 沥青混合料配合比设计按马歇尔试验决定沥青用量，空隙率随沥青用量增加而减小。

答案: A

10. 解 二灰土是以石灰、粉煤灰与土按一定的配比混合，加水拌匀碾压而成的一种基层结构。二灰即石灰和粉煤灰。

答案: C

11. 解 路面水泥混凝土配合比设计以抗弯拉强度为主要强度指标。

答案: D

12. 解 含水率的定义，即土中水的质量与土粒质量的比值，以百分数计。

答案: B

13. 解 当孔隙比e接近最大孔隙比e_{max}时，则其相对密实度D_r较小，砂土处于较疏松状态；当孔隙比e接近最小孔隙比e_{min}时，则其相对密实度D_r较大，砂土处于较密实状态。

答案: A

14. 解 粉、细砂土的工程性质相对较差，特别是饱水粉土、细砂土受振动后易产生液化。

答案: C

15. 解 根据冻胀的机理，有水更容易发生冻胀。

答案: B

16. 解 自重应力沿水平面呈均匀分布，随深度呈线性增加。$\sigma_z = \alpha_c P$，其中的α_c随深度增加非线性减小。

答案: D

17. 解 有效应力σ'等于总应力σ减去孔隙水压力u。

答案: B

18. 解 稳定安全系数k = 抗滑力矩/滑动力矩。题目中，稳定力矩和抗滑力矩同义。

答案: A

19. 解 侧限压缩试验是研究土压缩性的基本方法。剪切试验是测定抗剪强度，静载荷试验是测定承载力，无侧限压缩试验是测定无侧限抗压强度。

答案: B

20. 解 侧限压缩模量是土体在侧向约束条件下竖向压应力与竖向压应变的比值，压缩模量越小，相同压力下的变形越大。

答案: C

21. 解 外荷载作用下的软土地基，随着加荷时间的推移，软土中孔隙水逐渐被挤出，孔隙水压力不断消散，有效应力不断增加，软土的抗剪强度随之而增加。

答案：C

22. 解 在加荷瞬间，土中孔隙水来不及排出，孔隙体积没有变化，即土体不产生体积变化，但荷载使土产生偏斜变形。这种变形与地基的侧向变形密切相关，是考虑了侧向变形的地基沉降计算，在实用上可以用弹性理论的公式计算。

答案：D

23. 解 达西定律只适用于层流条件。所谓层流条件是指在土孔隙中移动的水，流体质点互不干扰，迹线有条不紊地沿着细微管道流动，也即要求土中水的流速不能超过某一定值，故达西定律也称为土的层流渗透定律。一般中砂、细砂、粉砂等细颗粒土中水的流速满足层流条件。

答案：B

24. 解 常见的变质岩有：片麻岩、片岩、千枚岩、板岩、大理岩、石英岩。

答案：B

25. 解 岩浆岩的构造，是指矿物在岩石中排列和充填方式所反映出来的外貌特征。常见的岩浆岩构造有以下几类：块状构造、流纹状构造、气孔状构造、杏仁状构造。

答案：C

26. 解 结晶联结的岩石，结晶颗粒的大小对岩石的强度有明显影响。一般结晶颗粒小的岩石强度大于结晶颗粒大的岩石强度。如粗粒花岗岩的抗压强度比细粒花岗岩的抗压强度小。

答案：A

27. 解 断裂构造主要分为裂隙和断层两大类。凡岩石沿破裂面没有明显位移的称为裂隙，也称为节理；岩石沿破裂面两侧发生了明显位移或较大错动的称为断层。

答案：C

28. 解 各种构造面对坡体的切割、分离，为产生崩塌创造了条件。由此得出选项B正确。

答案：B

29. 解 风化作用是指地表或接近地表的岩石、矿物与大气、水及生物接触过程中产生物理、化学变化而在原地形成松散堆积物的全过程。风化作用在地表最显著，随着深度的增加，其影响就逐渐减弱以至消失。

答案：A

30. 解 由于河流的水位变化及侧蚀，常使沿河布设的公路路基发生水毁现象，特别是河湾凹岸地段,最为显著。

答案:B

31.解 阶地在通常情况下,是河谷地貌中敷设路线的理想地貌部位。当有几级阶地时,除考虑过岭高程外,一般首选一级阶地,其次是二级阶地,阶地级数不宜选择太高,否则不便于道路与峡谷外的公路连接。

答案:A

32.解 根据野外特征、压缩波速度、波速比、风化系数这四个方面的变化,将岩石风化程度划分为五级。

答案:D

33.解 道路工程地质工作中的挖探主要为坑探和槽探。坑探是垂直向下掘进的土坑,主要用来查明覆盖层的厚度和性质、滑动面、断层、地下水位,以及采取原状土样等。槽探挖掘成狭长的槽形,常用来追索构造线,查明坡积层、残积层的厚度和性质,揭露地层层序等。槽探一般应垂直于岩层走向或构造线布置。

答案:A

34.解 岩溶水具有分布的不均匀性、水力联系密切。由于地下溶洞与溶洞、溶洞与溶蚀裂隙之间相互连通,因而使岩溶水具有密切的水力联系和较强的传递能力、水量动态多变、随季节变化大等特点。由于岩溶地下水与地表水联系密切,所以岩溶地下水流量的季节变化幅度很大,基本与地表河流相同。岩溶水分布不均匀、水量大给工程预测预防带来困难,尤其是隧道施工难度大,也常造成路基水毁。

答案:C

35.解 拉张裂缝分布在滑坡体上部,与滑坡壁的方向大致吻合,多呈弧形,是滑坡体向下滑动时产生的拉力形成,裂缝张开。

答案:B

36.解 工程可行性研究阶段,勘察应以资料收集和工程地质调绘为主,对项目建设各工程方案的工程地质条件进行研究。对于隧道工程,需初步查明隧道的地层岩性、地质构造、水文地质条件、隧道围岩分级等。

答案:D

37.解 《公路勘测规范》(JTG C10—2007)第4.2.1条第4款规定,高速公路、一级公路高程控制测量等级为四级。

答案:C

38. 解 《公路勘测规范》(JTG C10—2007) 第 4.1.2 条第 2 款规定,路线平面控制点距路线中心线的距离应大于 50m,宜小于 300m,每一点至少应有一相邻点通视。

答案:D

39. 解 《公路勘测规范》(JTG C10—2007) 第 4.2.2 条规定,路线高程控制点相邻点间的距离以 1~1.5km 为宜,特大型构造物每一端应埋设 2 个(含 2 个)以上高程控制点。高程控制点距路线中心线的距离应大于 50m,宜小于 300m。

答案:D

40. 解 《公路勘测规范》(JTG C10—2007) 第 5.1.2 条规定,平原地区 1:1000 比例尺地形图的基本等高距是 0.5m。

答案:A

41. 解 《公路勘测规范》(JTG C10—2007) 第 5.3.4 条规定,当采用 GPS RTK 法测量时,流动站至基准站的距离应小于 10km。

答案:A

42. 解 《公路勘测规范》(JTG C10—2007) 第 7.5.2 条和表 7.5.2 规定,采用数字地面模型计算公路纵、横断面时,施工图设计阶段的中桩桩距为 5~20m。

答案:D

43. 解 《公路勘测规范》(JTG C10—2007) 第 7.1.2 条第 2 款规定,以地形图数字化为数据源生成的 DTM,其高程插值相对于原地形图的高程误差不得超过原图等高距的 1/2。

答案:B

44. 解 《公路勘测规范》(JTG C10—2007) 第 6.1.1 条规定,当成图比例尺为 1:1000 时,航摄比例尺为 1:4000~1:6000。

答案:B

45. 解 《公路勘测规范》(JTG C10—2007) 第 9.8.5 条规定,大、中桥勘测与调查,宜在桥位上、下游各选一个断面进行形态断面测量。

答案:D

46. 解 根据《公路勘测规范》(JTG C10—2007) 第 9.2.3 条,公路设计定测阶段,对于平原、微丘区的一、二级公路,中桩平面位置中误差应不大于±5cm。

答案:A

47. 解 《公路勘测规范》(JTG C10—2007) 第 8.8.3 条规定,初测阶段可不专门布设桥梁平面和高程控制网,但在布设路线控制网时每岸应各布设必要的控制点,布设的控制点应纳入路线控制测量进行施测。

答案:B

48. 解 根据《公路勘测规范》(JTG C10—2007)第9.4.2条,三级及以下公路横断面测量距离检测互差限差不大于$L/50+0.1$。

答案:D

49. 解 结构的可靠性是指结构在规定的时间内,在规定的条件下,完成预定功能的能力,是安全性、适用性和耐久性的总称。

答案:B

50. 解 按箍筋的功能和配置方式的不同,钢筋混凝土轴心受压构件可分为普通箍筋柱和螺旋箍筋柱。

答案:B

51. 解 螺旋箍筋可使核心混凝土成为约束混凝土,从而提高构件的承载力和延性。

答案:A

52. 解 从受剪考虑,在跨径的三分点到四分点之间开始弯起;从受弯考虑,要注意预应力钢筋弯起后的正截面抗弯承载力要求。

答案:D

53. 解 适筋梁正截面工作的三个阶段分别是全截面工作阶段、带裂缝工作阶段和破坏阶段。全截面工作阶段,钢筋受拉,尚未屈服,混凝土也未出现裂缝,钢筋和混凝土均处于弹性工作状态。

答案:B

54. 解 ξ_b为界限破坏高度系数,$\xi \leqslant \xi_b$时为大偏心受压破坏,$\xi > \xi_b$时为小偏心受压破坏。

答案:C

55. 解 砌体处于剪切状态时,有三种破坏形式:沿通缝发生破坏,沿齿缝发生破坏,沿阶梯形砌缝发生破坏。

答案:B

56. 解 《建设工程质量管理条例》第六十条规定,违反本条例规定,勘察、设计、施工、工程监理单位超越本单位资质等级承揽工程的,责令停止违法行为,对勘察、设计单位或者工程监理单位处合同约定的勘察费、设计费或者监理酬金1倍以上2倍以下的罚款。

答案:C

57. 解　根据《中华人民共和国公路法》第三十四条，县级以上地方人民政府应当确定公路两侧边沟（截水沟、坡脚护坡道，下同）外缘起不少于一米的公路用地。

　　答案：C

58. 解　根据《建设工程安全生产管理条例》第五十八条，注册执业人员未执行法律、法规和工程建设强制性标准的，责令停止执业 3 个月以上 1 年以下；情节严重的，吊销执业资格证书，5 年内不予注册；造成重大安全事故的，终身不予注册；构成犯罪的，依照刑法有关规定追究刑事责任。

　　答案：D

59. 解　见《中华人民共和国民法典》第五百一十三条规定，按照原价格执行。

　　答案：B

60. 解　《建设工程质量管理条例》第五十二条规定，建设工程发生质量事故，有关单位应当在 24 小时内向当地建设行政主管部门和其他有关部门报告。对重大质量事故，事故发生地的建设行政主管部门和其他有关部门应当按照事故类别和等级向当地人民政府和上级建设行政主管部门和其他有关部门报告。特别重大质量事故的调查程序按照国务院有关规定办理。（注：按交通运输部规定，题中有关单位主要是指施工单位或建设单位或公路管养单位）

　　答案：C

注册道路工程师执业资格考试专业基础考试模拟试卷（四）解析与答案

1. 解 磨耗试验是将一定质量且有一定级配的石料试样和钢球置于洛杉矶磨耗试验机中，以 30~33r/min 的转速转动至要求次数后停止，取出试样过筛并称量。

答案：C

2. 解 按公式计算细度模数 M_f，该砂的细度模数为 2.93，属于中砂。粗砂 $M_f = 3.7$~3.1；中砂 $M_f = 3.0$~2.3；细砂 $M_f = 2.2$~1.6。

答案：B

3. 解 生石灰的技术要求有氧化镁和氧化钙、二氧化碳、氧化镁、三氧化硫的含量，细度和产浆量；消石灰的技术要求有氧化镁和氧化钙、氧化镁、三氧化硫的含量，游离水（含水率）、细度和安定性。

答案：A

4. 解 《通用硅酸盐水泥》(GB 175—2007) 规定，硅酸盐水泥和普通硅酸盐水泥的细度用比表面积表示，其比表面积不小于 $300m^2/kg$。其他通用硅酸盐水泥的细度用筛余表示，其 80μm 方孔筛筛余不大于 10% 或 45μm 方孔筛筛余不大于 30%。

《公路工程水泥及水泥混凝土试验规程》(JTG 3420—2020) 规定，水泥细度试验方法为筛析法（包括负压筛析法、水筛法和手工筛法）；负压筛法与水筛法测定的结果发生争议时，以负压筛法为准。

答案：A

5. 解 干灰土质量 = 1100/(1 + 含水率) = 1000g；

干石灰质量 = 干灰土质量 − 干土质量；

石灰剂量 = 干石灰质量/干土质量 = (干灰土质量 − 干土质量)/干土质量
= 1000/干土质量 − 1 = 4.2%；

解得：干土质量 = 959.7g；则：干石灰质量 = 1000 − 959.7 = 40.3g。

答案：C

6. 解 坍落度法评定和易性通常适用于坍落度 ≥ 10mm 和粗集料最大粒径 ≤ 31.5mm 的塑性混凝土拌合物。

答案：B

7. 解 抗压强度以三个试件测试值的平均值作为该组试件的代表值。若任一个测试值超过中值

15%，则取中值为强度值；若有两个测值均超过上述规定，则该组试验结果无效。

由于$(929.25 - 789.75)/929.25 \times 100\% = 15.01\%$，超过15%，取中值929.25kN，则强度为：$929.25 \times 1000/(150 \times 150) = 41.3$MPa。

答案：C

8. 解 砂浆的抗压强度是指三块边长为 70.7mm 的立方体试件，在标准养护条件下［温度为(20 ± 2)℃，相对湿度90%以上］养护 28d 的抗压强度平均值，以 MPa 计。

答案：C

9. 解 沥青的针入度值越大，标号越高，表示沥青越软，稠度越小；反之，针入度值越小，标号越低，表示沥青越硬，稠度越大。

答案：D

10. 解 碳素钢的含碳量一般低于 2%。

答案：A

11. 解 混凝土拌合物工作性调整原则是保持水胶比不变，当坍落度小于设计要求时，可在保持水胶比不变的情况下，增加用水量和相应的水泥用量（水泥浆）。本题虽增加 5%水泥浆，但水灰比仍为 0.42。

答案：C

12. 解 土由流动状态变成可塑状态的界限含水率称为液限，以符号w_L表示。土由可塑状态变化到半固体状态的界限含水率称为塑限，以符号w_P表示。土由半固体状态变化到固体状态的界限含水率称为缩限，以符号w_S表示。

答案：D

13. 解 当砂土处于最密实状态时，其孔隙比称为最小孔隙比e_{min}；而砂土处于最疏松状态时的孔隙比则称为最大孔隙比e_{max}。当$D_r = 0$时，$e = e_{max}$，表示土处于最疏松状态；当$D_r = 1$时，$e = e_{min}$，表示土处于最密实状态。

答案：A

14. 解 碎石土指粒径大于2mm的颗粒含量超过颗粒全重50%的土。砂土指粒径大于2mm的颗粒含量不超过全重50%，而粒径大于0.075mm的颗粒含量超过全重50%的土。粉土指粒径大于0.075mm的颗粒含量不超过全重50%，而塑性指数$I_P \leqslant 10$的土。

答案：A

15. 解 水在土体中渗流，受到土骨架的阻力，同时水也对土骨架施加推力，单位体积内土骨架所受到的水推力称为渗透力（或动水力）。渗透力等于水的重力密度（重度）和水力坡降（梯度）的乘积。因为i是无量纲，所以渗透力的量纲与重度相同，是一种体积力，其大小与水力坡降成正比，方向与渗流方向一致。对于各向同性土体，渗流速度方向和水力坡降方向一致；对于各向异性土体，渗流速度方向和水力坡降方向不一致。

答案：D

16. 解 根据达西定律，在层流状态的渗流中，存在关系式$v = Q/A = ki$（其中v为渗流速度，k为渗透系数，i为水力梯度）。显然，渗透系数越大，流速越大。

答案：B

17. 解 $\gamma' = 20 \times 3 + 10 \times 1 = 70 \text{kPa}$

答案：A

18. 解 当荷载偏心距$e < b/6$时，基底压力分布为梯形。

答案：D

19. 解 太沙基地基极限承载力理论考虑了地基土有重量、基底粗糙，不考虑基底以上填土的抗剪强度，极限荷载作用下基础发生整体剪切破坏，基底以上地基土以均布荷载代替。

答案：D

20. 解 先期固结压力与现有覆盖土重之比定义为超固结比OCR，即$160/(10 \times 20) = 0.8$。

答案：D

21. 解 莫尔圆是在σ轴上以$(\sigma_1 + \sigma_3)/2$为圆心，以$(\sigma_1 - \sigma_3)/2$为半径画出来的。

答案：D

22. 解 为了近似模拟土体在现场受剪的排水条件，将直剪试验分为快剪、固结快剪和慢剪。

答案：A

23. 解 根据土坡的坡脚大小、土体强度指标以及土中硬层位置的不同，滑动面分为坡脚圆、坡面圆和中点圆。

答案：D

24. 解 根据SiO_2的含量，岩浆岩可分为下面几类：①酸性岩类（SiO_2含量>65%），常见岩石有：花岗岩、花岗斑岩、流纹岩。②中性岩类（SiO_2含量65%~52%），常见岩石有：正长岩、正长斑岩、粗面岩、闪长岩、闪长玢岩、安山岩。③基性岩类（SiO_2含量52%~45%），常见岩石有：辉长岩、辉绿岩、玄武岩。

答案：A

25.解 岩石的工程地质性质主要包括物理性质、水理性质和力学性质三个方面。

答案：C

26.解 背斜，岩层向上弯曲，核心部分岩层年代较老，两侧岩层年代依次变新并对称分布。

答案：B

27.解 当岩层倾向与地面倾斜方向相反时，在山脊处"V"字形的尖端朝向山麓，在沟谷处"V"字形的尖端朝向上游，即在地质平面图上地层分界线与地形等高线弯曲方向相同。

答案：C

28.解 河流的侵蚀作用，按照河床不断加深和拓宽的发展过程，可分为下蚀作用和侧蚀作用。

答案：B

29.解 风化作用是指地表或接近地表的岩石、矿物，在太阳辐射、大气、水和生物等风化营力作用下，产生物理、化学变化而在原地形成松散堆积物的全过程。

答案：D

30.解 阶地有多级时，从河漫滩向上依次称为一级阶地、二级阶地、三级阶地等。阶地级数编号越大，出露时间越早，受风化剥蚀越严重，保存得越不完整，工程地质条件越差。因此编号越大，阶地越高，年代越老；编号越小，阶地越低，年代越新。

答案：B

31.解 坚硬的岩石具有较大的抗剪强度和抗风化能力，能形成高峻的斜坡，易发生崩塌。由软硬互层构成的陡峻斜坡，由于差异风化，斜坡外形凹凸不平，因而也容易产生崩塌。

答案：B

32.解 干钻是指不用冲洗介质的钻进工艺。土探孔一般采用干钻，滑坡钻探钻至滑动面（带）以上 5m 或发现滑动面（带）迹象时，也应采用干钻。

答案：A

33.解 形成泥石流有三个基本条件：①流域中有丰富的固体物质补给泥石流；②有陡峭的地形和较大的沟床纵坡；③流域的中、上游有强大的暴雨或冰雪强烈消融等形成的充沛水源。

答案：A

34.解 我国黄土从第四纪初开始沉积，一直延续至今，贯穿了整个第四纪。午城黄土（Q_1）和离石黄土（Q_2）沉积年代早，习惯上称为老黄土。老黄土的大孔隙已退化，土质紧密，不具湿陷性；马兰黄土（Q_3）和新近堆积的黄土（Q_4）沉积年代新，习惯上称为新黄土。马兰黄土有强烈的湿陷性；新近堆积的黄土结构疏松，压缩性强，工程性质最差。

答案：C

35. 解 膨胀土是一种黏性土，具有明显的膨胀、收缩特性。它的粒度成分以黏粒为主，黏粒的主要矿物是蒙脱石、伊利石。

答案：A

36. 解 我国沿海和内陆地区分布着大范围的盐渍土，当盐渍土中硫酸盐含量较高时，土的物理、力学性质和筑路性质会发生显著变化，引起许多路基病害。各种盐类中，以硫酸盐的胀缩最为明显，其中又以 Na_2SO_4 最强烈，氯盐和碳酸盐的胀缩性较小。

答案：D

37. 解 单跨长度为 388m，测量等级为三等；三等平面控制测量桩上顶面正方形边长不应小于 250mm，下底面正方形边长不应小于 500mm，高不应小于 600mm。

答案：C

38. 解 角度记录中的秒位、距离和水准记录中的厘米及厘米以下位数不得涂改，必须重测。

答案：B

39. 解 选择路线平面控制测量坐标系时，应使测区内投影长度变形值不大于 2.5cm/km；大型构造物平面控制测量坐标系，其投影长度变形值不大于 1cm/km。投影分带位置不应选择在大型构造物处。

答案：B

40. 解 我国位于北半球，故纵坐标均为正值，但为避免中央经度线以西为负值的情况，将坐标纵轴西移 500km。公路测量控制点横坐标 Y 的前两位为带号，该点到投影带中央子午线的距离就是：$500000 - 444333 = 55667m$。

答案：A

41. 解 隧道长度为 4980m，则平面控制测量等级为三等，高程控制测量等级为三等。

答案：D

42. 解 高程控制测量的技术要求，三等水准测量附合水准路线长度应为 60km，题干长度为 91km，不符合规范要求；水准测量主要技术要求，三等微丘附合水准路线闭合差应小于 $12\sqrt{l}$，即 114mm，因此闭合差符合规范要求。

答案：B

43. 解 除在悬崖或绝壁处外，等高线在图上不能相交或重合。

答案：A

44. 解 大桥、特大桥重点水域断面线上测深点图上最大间距不大于1.0cm。

答案： A

45. 解 对地形图精度要求高的工程宜选择较大值，即 1∶2000。

答案： B

46. 解 高速公路，一、二级公路闭合差应小于或等于$30\sqrt{L}$，即 42mm。

答案： C

47. 解 地形、地物发生变化的路段，应予修测；地形图范围不能满足设计要求时，应进行补测；变化较大时，应予重测。

答案： C

48. 解 应调查各类土地常种作物和近3年平均产量，调查统计独立果树和价值较高树木的株数、直径、数量及产量。

答案： B

49. 解 对于等代直径$d_e>28$mm的受拉束筋，束筋内各单根钢筋应自锚固起点开始，以表内规定的单根钢筋的锚固长度的1.3倍，呈阶梯形逐根延伸后截断。

答案： B

50. 解 如果要在受拉区截断受拉钢筋，必须将钢筋从理论截断点外伸一定的长度（最小锚固长度加梁截面有效高度）再截断；同时应考虑从正截面抗弯承载力计算不需要该钢筋的截面至少延伸$20d$，d为钢筋公称直径。

答案： B

51. 解 当剪跨比m为1~3时，受弯构件发生剪压破坏。

答案： B

52. 解 构件内纵向受力钢筋应设置于离角筋中心距离s不大于150mm或15倍箍筋直径（取较大者）范围内，如超出此范围设置纵向受力钢筋，应设复合箍筋、系筋。

答案： C

53. 解 钢筋混凝土受压构件在偏心力作用下，将产生侧向变形（挠曲）。对于长柱和细长柱，这种侧向变形的影响不能忽略，在承载能力极限状态计算时要计入侧向变形引起的二阶效应，引入偏心距增大系数η。

答案： D

54. 解 最大裂缝宽度计算公式中，A_{te}为有效受拉混凝土截面面积。受弯、偏心受拉、偏心受压构

件取 $2a_sb$，a_s 为受拉钢筋重心至受拉区边缘的距离，对矩形截面，b 为截面宽度。

答案：C

55. 解 选项 A、B、C 均为预应力混凝土的优点，选项 D 为预应力混凝土的缺点。

答案：D

56. 解 根据《中华人民共和国公路法》第二十五条，公路建设项目的施工，须按国务院交通主管部门的规定报请县级以上地方人民政府交通主管部门批准，故答案为选项 B。选项 A、C 违反第二十一条规定。

答案：B

57. 解 根据《中华人民共和国建筑法》第二十七条，大型建筑工程或者结构复杂的建筑工程，可以由两个以上的承包单位联合共同承包，共同承包的各方对承包合同的履行承担连带责任，故答案为选项 C。

答案：C

58. 解 《建设工程质量管理条例》第六十三条规定，勘察单位未按照工程建设强制性标准进行勘察的，责令改正，处 10 万元以上 30 万元以下罚款。

答案：B

59. 解 违反《建设工程勘察设计管理条例》第三十六条，未经注册，擅自以注册建设工程勘察、设计人员的名义从事建设工程勘察、设计活动的，责令停止违法行为，没收违法所得，处违法所得 2 倍以上 5 倍以下罚款。

答案：D

60. 解 《中华人民共和国招标投标法》第三条规定范围内的项目，勘察、设计、监理等服务的采购，必须招标的单项合同估算价在 100 万元人民币以上。

答案：B

注册道路工程师执业资格考试专业基础考试模拟试卷（五）解析与答案

1. 解 根据建筑材料密度、孔隙率的概念，材料真实密度与孔隙体积无关。

答案： A

2. 解 硅酸盐水泥水化热高，应用于大体积混凝土易产生温度裂缝，不宜用于大体积的混凝土工程。

答案： A

3. 解 根据分计筛余百分率计算累计筛余百分率，再按公式计算细度模数，根据细度模数判断砂的粗细。根据题目中的数据，计算细度模数为 2.19，故判定为细砂。

答案： C

4. 解 根据《公路路面基层施工技术细则》（JTG/T F20—2015），无机结合料稳定材料的目标配合比设计过程中，工作内容是优化集料级配、确定结合料的最佳掺配比例、验证混合料相关的设计及施工指标。而选项 D 是生产配合比设计中的内容。

答案： D

5. 解 在制作无机结合料稳定材料无侧限抗压强度试件时，最佳含水率条件下的混合料干密度应满足与击实试验的最大干密度一致，即混合料的干密度应接近或等于击实试验得到的最大干密度。然而，由于实际施工过程中的现场压实度可能与试验条件存在差异，因此需要按照现场压实度标准进行折算，即混合料的干密度应根据现场压实度标准进行调整，以保证试件在实际施工中的稳定性和强度。

答案： B

6. 解 混凝土配制强度按以下公式计算：
$$f_{cu,0} \geqslant f_{cu,k} + 1.645\sigma = 40 + 1.645 \times 5 = 48.2 \text{MPa}$$

$f_{cu,k}$ 为混凝土强度等级值，本题为 40MPa；σ 为混凝土强度标准差，对于 C25~C45 混凝土，σ 取 5MPa。

答案： C

7. 解 砂率是指混凝土中细集料（或砂）的质量占全部集料（砂、石）总质量的百分比，即 $m_{砂}/m_{石} = 0.6$，则 $m_{砂}/(m_{砂} + m_{石}) = 0.6/1.6 = 0.375 = 37.5\%$。

答案： A

8. 解 沥青的延性是指其受拉伸时，所能承受的塑性变形的能力，通常用延度作为表征延性的指标；针入度表征沥青的黏性；软化点既是反映沥青材料热稳定性的一个指标，也是沥青条件黏度的一种量度；针入度指数表征感温性。

答案：B

9. 解 选项A测稳定度、流值（高温稳定性）；选项B测冻融劈裂强度（耐久性、水稳定性）；选项C测动稳定度（高温稳定性）；选项D测蠕变速率（低温抗裂性）。

答案：A

10. 解 当集料的吸水率超过一定范围时，吸入集料孔隙的沥青过多，影响沥青混合料的经济性和耐久性。

答案：D

11. 解 碳素钢是含碳量为0.02%~2.11%的铁碳合金。含碳量越高则碳素钢的硬度越大，强度也越高，但塑性越低。按含碳量可以把碳素钢分为低碳钢（$w_c \leqslant 0.25\%$）、中碳钢（$0.25\% < w_c < 0.6\%$）、高碳钢（$w_c \geqslant 0.6\%$）。

答案：B

12. 解 粒径级配累积曲线中间出现水平段，说明缺乏中间粒径。

答案：D

13. 解 可以在试验室测定的土的基本物理指标：含水率（烘干法），天然密度（环刀法、蜡封法），比重（比重瓶法、虹吸筒法等）。

答案：A

14. 解 黏性土存在结合水的黏滞作用，会对自由水的渗流产生很大的阻力，而黏性土主要由黏土矿物组成，矿物成分不同，结合水的能力不同，因此渗透性受矿物成分的影响较大。

答案：D

15. 解 $\dfrac{0.001 \times 0.5 + 0.2 \times 0.5 + 10 \times 0.5}{0.5 \times 3} = 3.4 \text{m/d}$

答案：B

16. 解 矩形均布荷载作用下，矩形中心点下的附加应力随着深度增加逐渐减小。

答案：B

17. 解 室内侧限压缩试验中施加竖向力p，模拟地基土中的附加应力，使土体产生竖向变形，反映在压缩曲线上横坐标的增量对应的就是附加应力。

答案：B

18. 解 直接剪切试验速度的快慢其实是反映排水条件,因此快剪试验对应不固结不排水试验,固结快剪试验对应固结不排水试验,固结慢剪试验对应固结排水试验。

答案: B

19. 解 饱和黏性土进行快剪试验,孔隙水来不及排出,测得总应力下的抗剪强度最大。

答案: A

20. 解 根据有效应力原理 $\sigma = \sigma' + u$,总应力 σ 不变,随着孔隙水压力 u 的逐渐消散,有效应力 σ' 不断增加。土体的强度只和有效应力 σ' 有关,所以土体强度增加。

答案: A

21. 解 平均固结度是地基某时刻的固结沉降与最终固结沉降的比值,所以固结完成时平均固结度等于1。

答案: C

22. 解 地基承载力的一般计算公式为: $p_u = \gamma b N_\gamma + q N_q + c N_c$。$\gamma b N_\gamma$ 是由滑裂土体自重产生的摩擦抗力,$q N_q$ 是基础两侧均布荷载 $q = \gamma d$(d 是基础的埋置深度)产生的抗力,$c N_c$ 是滑裂面上黏聚力产生的抗力,承载力系数 N_γ、N_q、N_c 都是土内摩擦角 φ 的函数,随 φ 的增大而增大,所以增大基础宽度和基础埋置深度,都可以提高地基承载力。增大地基土的密实度就相当于增大了地基土的摩擦角 φ,也可以增大地基承载力。基础外围填土增大了基础两侧均布荷载 $q = \gamma d$,也可以增大地基承载力。

答案: B

23. 解 最小稳定安全系数 K_{min} 的滑动面是最危险的滑动面。

答案: B

24. 解 岩浆岩的构造,是指矿物在岩石中排列和充填方式所反映出来的外貌特征。常见的岩浆岩构造有以下几类:块状构造、流纹状构造、气孔状构造、杏仁状构造。

答案: C

25. 解 风化作用能破坏岩石的结构、构造和整体性,选项A正确。当水进入岩石的孔隙、裂隙,会削弱岩石矿物颗粒间的联结,降低岩石的强度,这是不可逆的,故选项B错误。岩石的强度一般取决于矿物的强度和矿物颗粒之间的联结,如果岩石中孔隙较多,矿物颗粒不联结、不接触,即使矿物颗粒本身的强度很高,岩石的强度也未必高,故选项C错误。结晶联结的岩石比胶结联结的岩石具有更高的强度和稳定性,故选项D错误。

答案: A

26. 解 沉积岩的结构:①碎屑结构(a. 砾状结构,b. 砂质结构、粉砂质结构);②泥质结构;

③结晶结构；④生物结构。沉积岩的构造：①层理构造（水平层理、波状层理、斜层理、交错层理）；层面构造（波痕、泥裂、雨痕等）；③化石。斑状结构是岩浆岩结构的特征。片理构造是变质岩构造的一种。块状构造是岩浆岩与变质岩共有的构造。

答案：A

27. 解 断层擦痕：断层面上的擦痕有时呈一头粗深一头浅细的"丁"字形，由粗向细的方向代表对盘运动的方向。用手抚摸擦痕，有不同方向的滑涩手感，光滑方向代表对盘移动方向。牵引构造：断层运动时，断层面附近的岩层受断层面上摩擦阻力的影响，在断层面附近形成弯曲现象，称为断层的牵引构造，其弯曲的方向指示本盘的运动方向。

答案：D

28. 解 地应力使岩石的连续性和完整性遭到破坏，产生各种大小不一的断裂，称为断裂构造。断裂构造主要分为裂隙和断层两大类。凡是岩石沿破裂面没有明显位移的称为裂隙，也称为节理；岩石沿破裂面两侧发生了明显位移或较大错动的，称为断层。根据裂隙的力学成因，可把构造裂隙分为剪裂隙（也称扭裂隙）和张裂隙两类。岩石受剪（扭）应力作用形成的破裂面称为剪裂隙，其两组剪切面一般形成 X 形的裂隙，故又称为 X 裂隙。岩层受张应力作用而形成的破裂面称为张裂隙。在褶皱岩层中，多在弯曲顶部产生与褶皱轴走向一致的张裂隙。

答案：A

29. 解 河流的下蚀作用达到一定的基准面后，河流的侵蚀作用将趋于消失。流入主流的支流，基本上以主流的水面为其侵蚀基准面；流入湖泊海洋的河流，则以湖面或海平面为其侵蚀基准面。大部分河流最终流入海洋，海洋的水面比较稳定，所以又把海平面称为基本侵蚀基准面。

答案：C

30. 解 地貌的形成和发展变化，首先取决于内、外力作用之间的量的对比。例如，在内力作用使地表上升的情况下，如果上升量大于外力作用的剥蚀量，地表就会升高，最后形成山岭地貌；反之，如果上升量小于外力作用的剥蚀量，地表就会降低或被削平，最后形成剥蚀平原。

答案：C

31. 解 充满于两个隔水层之间的含水层中的地下水称为承压水。承压水含水层上部的隔水层称为隔水顶板，下部的隔水层称为隔水底板。顶底板之间的距离为含水层厚度。承压性是承压水的一个重要特征。承压水受隔水层的限制，与地表水联系较弱。因此气候、水文因素的变化对承压水的影响较小，承压水动态变化稳定。因此，承压水不容易受到污染。

答案：B

32. 解 影响滑坡形成的因素：①岩性：滑坡主要发生在易亲水软化的土层中和一些软质岩层中，

当坚硬岩层或岩体内存在有利于滑动的软弱面时,在适当的条件下会形成滑坡。②构造:埋藏在土体或岩体中的倾向与斜坡一致的结构面,一般都是抗剪强度较低的软弱面,当斜坡受力情况突然变化时,都可能成为滑坡的滑动面或切割面。③水对斜坡岩土体的作用,也是形成滑坡的重要条件。此外,风化作用、降雨、人为不合理的切坡或坡顶加载,地表水对坡脚的冲刷以及地震等,都能促使斜坡产生滑动。

答案: B

33. 解 可溶性岩层是发生溶蚀作用的必要前提,它必须具有一定的透水性,使水能进入岩层内部进行溶蚀。纯水对钙、镁碳酸盐的溶解能力很弱,含有二氧化碳及其他酸类时,侵蚀能力才显著提高。具有侵蚀能力的水在碳酸盐岩中停滞而不交替,很快成为饱和溶液而丧失其侵蚀性,因此水的流动是保持溶蚀作用持续进行的必要条件。选项A、C不符合要求;选项B中的磷灰岩为变质岩,难溶于水;选项D中的石灰岩,易溶于饱和酸,能和各种强酸发生反应并形成相应的钙盐。

答案: D

34. 解 膨胀土是一种黏性土,具有明显的膨胀、收缩特性。它的粒度成分以黏粒为主,黏粒的主要矿物是蒙脱石、伊利石,这两类矿物有强烈的亲水性,吸收水分后体积膨胀,失水后收缩,多次膨胀、收缩,强度很快衰减,导致修建在膨胀土上的工程建筑物开裂、下沉、失稳破坏。膨胀土的膨胀潜势与土的初始密度和初始含水率有关,初始密度越大、初始含水率越小,土体膨胀潜力越大;反之,则小。因此,采用合理的填土压实标准和碾压含水率,是减轻胀缩危害的另一重要方面。(土的密度大,孔隙比就小,浸水膨胀强烈,而失水收缩小;土的密度小,孔隙比就大,浸水膨胀小,而失水收缩大;当孔隙比处于中间值时,土的胀缩变形都较大。)

答案: C

35. 解 软土一般具有下列工程性质:①孔隙比和含水率:软土具有较大的孔隙比和较高的含水率。②透水性和压缩性:软土孔隙比大,但孔隙小,吸水、亲水性强,透水性差;软土压缩性高,但压缩过程长。③软土的强度低。④触变性:软土受到振动,海绵状结构破坏,强度降低,甚至呈现流动状态,灵敏度越大,强度降低越明显,造成的危害也越大。⑤流变性:软土在长期荷载作用下,变形可以延续很长时间,最终引起破坏。

答案: B

36. 解 根据《公路工程地质勘察规范》(JTG C20—2011)第5.13.6条,工程地质及水文地质测试应符合下列规定:

①地下水发育时,应进行抽(注)水试验,分层获取各含水层水文地质参数并评价其富水性和涌水量。水文地质条件复杂时,应进行地下水动态观测。

②在孔底或路线设计高程以上3~5倍的洞径范围内应进行孔内波速测试,采取岩石试样做岩块波速

测试，获取围岩岩体的完整性指标。

③当岩芯采集困难或采用钻探难以判明孔内的地质情况时，宜在方法试验的基础上选择物探方法，进行孔内综合物探测井。

④深埋隧道及高应力区隧道应进行地应力测试。隧道的地应力测试应结合地貌地质单元选择在代表性钻孔中进行，地应力测试宜采用水压致裂法。

⑤有害气体、放射性矿体等应按相关规定进行测试、分析。

⑥高寒地区应进行地温测试，提供隧道洞门和排水设计所需的地温资料。

⑦采取地表水和地下水样，做水质分析，评价水的腐蚀性。

答案：D

37. 解 中误差实际上是标准差的近似值（估值）。极限误差为测量中的容许误差，也就是限差。测量中常取2倍的中误差作为误差的限值。

答案：C

38. 解 对于高斯平面直角坐标系，在投影面上，中央子午线和赤道的投影都是直线，并且以中央子午线和赤道的交点作为坐标原点，以中央子午线的投影为纵坐标轴（X），以赤道的投影为横坐标轴（Y），这样便形成了高斯平面直角坐标系。高斯-克吕格投影的变形特点：①中央经线上无变形，满足投影后长度比不变的条件。②除中央经线上长度比为1以外，其他任何点长度比均大于1。③在同一条纬线上，离中央经线越远则变形越大，最大值位于投影带边缘。④在同一条经线上，纬度越低变形越大，最大值位于赤道上。⑤等角投影无角度变形，面积比为长度比的平方。⑥长度比的等变形线平行中央子午线。

答案：A

39. 解 根据《公路勘测规范》（JTG C10—2007）第4.1.3条第1款，计算GPS测量大地高差的精度时，a、b可放宽至2倍。

答案：B

40. 解 根据《公路勘测规范》（JTG C10—2007）第4.2.1条第3款，各等级公路高程控制网最弱点高程中误差不得大于±25mm。

答案：A

41. 解 根据《公路勘测规范》（JTG C10—2007）第5.2.4条，比例尺为1∶500，图根点密度不少于145点/km²；根据表5.2.4的注2，采用全站仪，图根点的密度取表中数值的0.4倍，即145×0.4＝58点/km²。

答案：A

42. 解 根据《公路勘测规范》(JTG C10—2007)表6.1.1,地形图比例尺为1∶2000,对应的航摄比例尺为1∶8000~1∶12000。

答案: C

43. 解 根据《公路勘测规范》(JTG C10—2007)第7.1.2条第2款,以地形图数字化为数据源生成的DTM,其高程插值相对于原地形图的高程误差不得超过原图等高距的1/2。

答案: D

44. 解 根据《公路勘测规范》(JTG C10—2007)第7.5.2条,施工图设计阶段,采用数字地面模型计算纵断面时,中桩桩距为5~20m。

答案: D

45. 解 根据《公路勘测规范》(JTG C10—2007)第9.3.1条,公路中桩高程测量应起闭于路线高程控制点上,高程测至桩志处的地面,三级公路中桩高程测量闭合差 $\leqslant 50\sqrt{L}$, L 为高程测量的路线长度。

答案: D

46. 解 根据《公路勘测细则》(JTG/T C10—2007)第8.11.2条,管理、服务、养护、收费设施应进行以下勘测与调查:①管理、服务、养护、收费机构的生活、生产所需物资供应条件。②设施区域内地表的土质条件,适应种植的树种、草种等。③各站区大地电阻率及当地雷暴日天数。④场站联络道路、抢险车辆出入的联络道路及其附属工程均应进行必要的勘测。

答案: C

47. 解 根据《公路勘测规范》(JTG C10—2007)第9.3.2条,沿线需要特殊控制的建筑物、管线、铁路轨顶等,应按规定测出其高程,其两次测量之差不应超过2cm。

答案: A

48. 解 根据《公路勘测细则》(JTG/T C10—2007)第8.6.3条第1款,沿河路基和河滩路堤勘测与调查的内容包括:①应查明沿河水位、水流特性及对路基的影响。②调查河岸地形、地貌、地质构造、岩土特征。③应查明河流性质、发育阶段、河滩堆积物质及其颗粒组成、漂浮物、冲淤等及对路基稳定性的影响。④应查明河面宽度、河床能否压缩及压缩河床后对河流上、下游和河流两岸的影响。选项D中"应查明河流长度"错误。

答案: D

49. 解 公路桥涵结构按承载能力极限状态设计时,对持久设计状况和短暂设计状况应采用作用的基本组合,对偶然设计状况应采用作用的偶然组合,对地震设计状况应采用作用的地震组合。公路桥涵结构按正常使用极限状态设计时,应根据不同的设计要求,采用作用的频遇组合或准永久组合。

基本组合：永久作用设计值与可变作用设计值相组合。

偶然组合：永久作用标准值与可变作用某种代表值、一种偶然作用设计值相组合。

答案：B

50. 解 用作抗剪配筋设计的最不利剪力设计值应按下列规定取值：简支梁和连续梁近边支点梁段取离支点$h/2$处的剪力设计值V_d；等高度连续梁和悬臂梁近中间支点梁段取支点上横隔梁边缘处的剪力设计值V_d'；变高度（承托）连续梁和悬臂梁近中间支点梁段取变高度梁段与等高度梁段交接处的剪力设计值V_d^0。V_d'和V_d^0中应按不少于60%由混凝土和箍筋共同承担，不超过40%由弯起钢筋承担。

简支梁距支座中心1/2梁高处截面，混凝土和箍筋共同承担的剪力为$200 \times 0.6 = 120$kN，弯起钢筋承担的剪力为$200 \times 0.4 = 80$kN。

答案：C

51. 解 斜截面投影长度c是自纵向钢筋与斜裂缝底端交点至斜裂缝顶端距离的水平投影长度。进行斜截面承载力验算时，斜截面水平投影长度c为$0.6mh_0$，其中m为广义剪跨比，$m = M/(Vh_0)$，当$m > 3.0$时取$m = 3.0$；h_0为截面的有效高度，取斜截面剪压区对应正截面处、自纵向受拉钢筋合力点至受压边缘的距离。

答案：C

52. 解 受压构件的稳定系数为0.92，轴心压力设计值为1750kN，则该杆件承受的外力至少为$1750/0.92 = 1902.2$kN。混凝土承受的外力为$0.3 \times 0.4 \times 13.8 \times 10^6 = 1656$kN，则钢筋承受的外力为$1902.2 - 1656 = 246.2$kN，那么钢筋的面积至少为$246.2 \times 10^3/(330 \times 10^6) = 746$mm²。

答案：A

53. 解 钢筋混凝土和预应力混凝土受弯构件的长期挠度值，由汽车荷载（不计冲击力）和人群荷载频遇组合在梁式桥主梁产生的最大挠度不应超过计算跨径的1/600；在梁式桥主梁悬臂端产生的最大挠度不应超过悬臂长度的1/300。

答案：B

54. 解 对于钢筋混凝土和B类预应力混凝土构件，Ⅰ类（一般环境）、Ⅱ类（冻融环境）和Ⅶ类（磨蚀环境）条件下，最大裂缝宽度限制值为0.2mm；Ⅲ类（近海或海洋氯化物环境）、Ⅳ类（除冰盐等其他氯化物环境）和Ⅵ类（化学腐蚀环境）条件下，最大裂缝宽度限制值为0.15mm；Ⅴ类（盐结晶环境）条件下，最大裂缝宽度限制值为0.1mm。

答案：D

55. 解 在后张预应力混凝土端部锚固区的总体区内，存在多个受拉区域：

（1）锚固力从锚垫板向全截面扩散过程中，会产生横向拉应力（或称劈裂应力），其合力称为劈裂力。从力学原理上理解，端部锚固力可以用两条力流线反映其扩散传递路径，根据力的平衡条件，在压力流的转向区必然存在横向劈裂力。此外，通过开展三维有限元分析，也可以获得沿锚固力作用线的横向应力分布，对横向拉应力区进行积分也可获得劈裂力。

（2）当锚固力作用在截面核心（使截面上只出现纵向压应力的作用点范围）之外时，锚固区受拉侧边缘还存在纵向拉应力，其合力为边缘拉力。

（3）锚固面压陷在锚固面边缘产生剥裂应力，其合力称为剥裂力。

答案：A

56. 解 《建设工程安全生产管理条例》第二十四条规定，建设工程实行施工总承包的，由总承包单位对施工现场的安全生产负总责。总承包单位应当自行完成建设工程主体结构的施工。总承包单位依法将建设工程分包给其他单位的，分包合同中应当明确各自的安全生产方面的权利、义务。总承包单位和分包单位对分包工程的安全生产承担连带责任。分包单位应当服从总承包单位的安全生产管理，分包单位不服从管理导致生产安全事故的，由分包单位承担主要责任。

答案：D

57. 解 参考《中华人民共和国建筑法》第八条，申领施工许可证的前提是确定施工单位。用排除法，选项C、D是错误的。参考《工程建设项目报建管理办法》第三条，建设工程立项批准后，发包前，向建设行政主管部门或其授权部门递交报建登记手续（即报送《工程建设项目报建表》）。

答案：B

58. 解 《中华人民共和国民法典》第五百一十三条规定，执行政府定价或者政府指导价的，在合同约定的交付期限内政府价格调整时，按照交付时的价格计价。逾期交付标的物的，遇价格上涨时，按照原价格执行；价格下降时，按照新价格执行。逾期提取标的物或者逾期付款的，遇价格上涨时，按照新价格执行；价格下降时，按照原价格执行。

答案：D

59. 解 《中华人民共和国招标投标法》第三十一条第二款规定，联合体各方均应当具备承担招标项目的相应能力；国家有关规定或者招标文件对投标人资格条件有规定的，联合体各方均应当具备规定的相应资格条件。由同一专业的单位组成的联合体，按照资质等级较低的单位确定资质等级。

答案：A

60. 解 《建设工程安全生产管理条例》第六条规定，建设单位应当向施工单位提供施工现场及毗邻区域内供水、排水、供电、供气、供热、通信、广播电视等地下管线资料，气象和水文观测资料，相邻建筑物和构筑物、地下工程的有关资料，并保证资料的真实、准确、完整。

答案：A

注册道路工程师执业资格考试专业基础考试模拟试卷（六）解析与答案

1. 解
$$M_f = \frac{A_{0.15} + A_{0.3} + A_{0.6} + A_{1.18} + A_{2.36} - 5A_{4.75}}{100 - A_{4.75}}$$
$$= \frac{97.2 + 90.1 + 73.6 + 38.2 + 15.6 - 5 \times 3.6}{100 - 3.6}$$
$$= 3.1$$

粗砂的细度模数为 $M_f = 3.7 \sim 3.1$。

答案：A

2. 解 《通用硅酸盐水泥》（GB 175—2007）规定：硅酸盐水泥和普通硅酸盐水泥的细度用比表面积表示，其比表面积不小于 $300m^2/kg$。

答案：B

3. 解 对于混凝土的抗压强度，以 3 个试件测试值的算术平均值为测定值。若任一个测试值与中间值的差超过中间值的 15%，则取中间值为测定值；若最大值、最小值与中间值的差值均超过 15%，则该组试验结果无效。试验结果精确至 0.1MPa。

$\frac{38.8-36.3}{38.8} = 6.4\% < 15\%$，$\frac{40.4-38.8}{38.8} = 4.1\% < 15\%$

取三者的平均值作为测定值：$f_{cu} = \frac{36.3+38.8+40.4}{3} = 38.5$

答案：B

4. 解 《普通混凝土长期性能和耐久性能试验方法标准》（GB/T 50082—2009）规定，混凝土抗冻试验可以采用慢冻法和快冻法。慢冻法试验采用尺寸为 100mm×100mm×100mm 的立方体试件，快冻法试验采用尺寸为 100mm×100mm×400mm 的棱柱体试件。

答案：B

5. 解 在沥青混合料（除 SMA-13、SMA-16、SMA-20 外）中，粗集料是指粒径大于 2.36mm 的碎石、破碎砾石、筛选砾石和矿渣等；细集料是指粒径小于 2.36mm 的天然砂、人工砂（包括机制砂及石屑）。在水泥混凝土中，粗集料是指粒径大于 4.75mm 的碎石、砾石和破碎砾石；细集料是指粒径小于 4.75mm 的天然砂、人工砂。

答案：B

6. 解 根据《公路路面基层施工技术细则》（JTG/T F20—2015）表 3.3.1-2，I级钙质消石灰中的有效氧化钙加氧化镁含量应大于65%。

答案：B

7. 解 《水泥胶砂强度检验方法（ISO法）》（GB/T 17671—2021）规定，试件脱模前，放置在养护箱中进行养护，养护箱温度保持在 20℃±1℃，相对湿度不低于 90%；试件脱模后，放置在 20℃±1℃ 的水中养护。

答案：A

8. 解 M10 砂浆强度代表值取值范围是 7.5~16.0MPa，在 11.5~14.5MPa 之间是最好。标准养护试块按统计方法评定低于 11.5MPa 为不合格。

答案：C

9. 解 根据《公路路面基层施工技术细则》（JTG/T F20—2015）第 4.5.1 条，采用水泥稳定时，被稳定材料的液限应不大于 40%，塑性指数应不大于 17。塑性指数大于 17 时宜采用石灰稳定或用水泥和石灰综合稳定。土的类别和性质对水泥稳定土的强度有重要影响，宜选用粗粒土（碎石、砾石、砂砾）和中粒土（砂）。

答案：C

10. 解 坍落度法评定和易性通常适用于坍落度 ≥10mm 和粗集料最大粒径 ≤31.5mm 的塑性混凝土拌合物。

答案：B

11. 解 影响高温稳定性的主要因素有：集料特性、沥青用量、沥青黏度、沥青混合料配合比。通常来说，破碎、坚硬、纹理粗糙、多棱角的粗集料，经压实后颗粒间能形成紧密的嵌挤作用，有助于提高沥青混合料的高温稳定性，选项 A 正确、D 错误；适当减少沥青用量，有利于提高沥青混合料的抗车辙能力（高温稳定性的一种），选项 C 错误；沥青的高温黏度大（即针入度小），与石料的黏附性好，沥青混合料的抗高温能力强，选项 B 错误。

答案：A

12. 解 渗透性的大小与土的孔隙大小成正比。土的颗粒大小、形状和级配影响土的孔隙大小，进而影响土的渗透性。土颗粒越粗、越浑圆、越均匀，渗透性越强；土颗粒越细，级配越良好，渗透性越弱。因此，纯砾的渗透性最大。

答案：A

13. 解 流砂（土）是指土中渗透力与土的有效重度相等时，土颗粒之间的压力等于零，土颗粒处于悬浮状态而失去稳定。流砂（土）现象发生在土体表面渗流逸出处，不发生于土体内部。流砂（土）

现象主要发生在细砂、粉砂及轻亚黏土中。

答案：B

14. 解　高水位快速下降，说明水顺着岸坡中的孔隙通道发生渗流，渗透力增加，滑动力也增加，岸坡失稳。

答案：C

15. 解　在土体中只有通过土颗粒接触点传递的应力，才能使土颗粒彼此挤紧，从而引起土体变形。此应力就是有效应力。

答案：B

16. 解　在一定的压实能量下使土最容易压实，并能达到最大密实度时的含水率，称为土的最优含水率（或称最佳含水率）。相对应的干重度称为最大干重度。土的最优含水率可在试验室内通过击实试验测得。

答案：B

17. 解　压缩指数和回弹指数是 e-lgp 曲线里衡量压缩性的指标，无量纲；压缩模量的单位是 MPa，压缩系数的单位是 MPa^{-1}。

答案：A

18. 解　对无黏性土边坡进行稳定性分析时，采用稳定安全系数，即 $\tan\varphi/\tan\alpha$。本题中的无黏性土是砂土。

答案：A

19. 解　地基土在外力作用下的变形经历着三种不同的阶段，表现为三种类型的变形特征：瞬时变形（瞬时沉降）、固结变形（固结沉降）和次固结变形（次固结沉降）。

答案：B

20. 解　太沙基条形浅基础极限荷载公式的条件：基础的长宽比 $l/b \geqslant 5$，基础的埋置深度 $d \leqslant b$，基底以上的土体看作是作用在基础两侧底面上的均布荷载，基础底面是粗糙的。极限荷载作用下基础发生整体剪切破坏。

答案：C

21. 解　液性指数是判定土的软硬程度的指标，塑性指数是判断土体可塑性和黏性大小的指标，液限是土从塑性状态转变为液性流态时的含水率，塑限是土从半固体状态转变为塑性状态时的含水率。

答案：C

22. 解　基底平均压力为：$p = \dfrac{P}{A}$

基底边缘最小压力为：$p_{\min} = \dfrac{P}{A} - \dfrac{M}{W}$

最小压力与平均压力的比值为：

$$\dfrac{p_{\min}}{p} = 1 - \dfrac{M}{W} \cdot \dfrac{A}{P} = 1 - \dfrac{Pe}{\frac{bh^2}{6}} \cdot \dfrac{bh}{P} = 1 - \dfrac{6e}{h} = 1 - \dfrac{6 \times 0.5}{4} = 0.25$$

答案：B

23. 解　为了近似模拟土体在现场受剪的排水条件，按剪切前的固结程度、剪切时的排水条件及加荷速率，把直剪试验分为快剪、固结快剪和慢剪三种试验方法。

答案：A

24. 解　《湿陷性黄土地区建筑标准》（GB 50025—2018）第4.4.1条：

当 $\delta_{sh} \geqslant 0.015$ 时，应定为湿陷性黄土；当 $\delta_{sh} < 0.015$ 时，应定为非湿陷性黄土。

湿陷性黄土的湿陷程度划分：

当 $0.015 \leqslant \delta_{sh} \leqslant 0.030$ 时，湿陷性轻微；

当 $0.030 < \delta_{sh} \leqslant 0.070$ 时，湿陷性中等；

当 $\delta_{sh} > 0.070$ 时，湿陷性强烈。

答案：D

25. 解　盐渍土的工程特性有三点：①溶陷性。盐渍土浸水后由于土中易溶盐的溶解，在自重压力作用下产生沉陷现象。②盐胀性。随着温度的变化，盐渍土中的盐类反复结晶和溶解，体积发生变化，导致土体变形。各种盐类中，以硫酸盐的胀缩最为明显，其中又以 Na_2SO_4 最强烈；氯盐和碳酸盐类的胀缩性较小，但碳酸盐渍土中 Na_2CO_3 含量超过 0.5% 时，也具有明显的盐胀性。③腐蚀性。硫酸盐渍土具有较强的腐蚀性，氯盐渍土、碳酸盐渍土也有不同程度的腐蚀性。

答案：B

26. 解　胀缩性是膨胀土的主要特征，表示胀缩性的指标主要有：自由膨胀率、膨胀率、线缩率和收缩系数。

答案：A

27. 解　典型的泥石流流域可划分为形成区、流通区、堆积区。

答案：A

28. 解　河流阶地为二元结构，上部为河漫滩相沉积，颗粒较细，以黏土、粉土为主；下部为河床相沉积，颗粒相对较粗，以粗砂、中砂为主。

答案：A

29. 解　板岩属于变质岩，玄武岩属于岩浆岩，砂岩属于沉积岩，大理岩属于变质岩。

答案：C

30.解 变质岩构造类型有板状、千枚状、片状、片麻状、块状。选项A和B的层理构造属于沉积岩的构造类型。选项D的流纹状、气孔状、杏仁状属于岩浆岩的构造类型。

答案：C

31.解 背斜，岩层向上弯曲，核心部分岩层年代较老，两侧岩层年代依次变新并对称分布。

答案：B

32.解 单斜构造岩层的倾向与地面倾斜的方向一致且倾角大于地面坡度时，在地质平面图上地层界线与地形等高线弯曲方向相反。

答案：D

33.解 上盘下降、下盘上升的断层为正断层。

答案：A

34.解 在地表或接近地表条件下，岩石、矿物在原地发生物理或机械破碎而不改变化学成分、不形成新矿物的作用，称为物理风化作用或机械风化作用。物理风化最关键的因素是温度的变化。

答案：B

35.解 花岗岩属于酸性岩浆岩。

答案：A

36.解 重型圆锥动力触探试验（重力触探试验）一般适用于砂土、中密以下的碎石土和极软岩，不适用于软土。

答案：D

37.解 每一个平面控制点至少应有一相邻点通视，高程控制点未做要求，选项A错误；四等及以上平面控制网中相邻点之间距离不得小于500m，选项B正确；特大型构造物每一端应埋设2个以上平面控制点，一般构造物不需要，选项C错误；通视控制点距路线中心线应大于50m，小于300m，选项D错误。

答案：B

38.解 GNSS即全球卫星导航系统，包括中国的北斗卫星导航系统（BDS）、美国的全球定位系统（GPS）、俄罗斯的格洛纳斯卫星导航系统（GLONASS）和欧盟的伽利略卫星导航系统（GALILEO）。二等GPS静态观测时段长度应不小于240min，三等GPS静态观测时段长度应不小于90min，四等GPS静态观测时段长度应不小于60min，一级GPS静态观测时段长度应不小于45min。

答案：C

39. 解 高架桥平面控制测量等级和高程控制测量等级都是四等。

答案：C

40. 解 高程系统采用不同的基准面（大地水准面、似大地水准面、椭球面等）表示地面点的高低，分为正高系统、正常高系统和大地高程系统等。为了计算方便，我国采用正常高系统作为计算高程的统一系统。

答案：B

41. 解 当水准路线通过宽度为各等级水准测量的标准视线长度2倍以下的江河、山谷时，可采用一般的水准测量观测方法进行，但在测站上应变换1次仪器高度，观测2次。

答案：C

42. 解 施工图设计阶段可采用1∶1000、1∶2000、1∶5000的比例尺，平原、微丘区的公路工程项目，根据不同的比例尺，基本等高距可取0.5~2.0m。

答案：D

43. 解 数字地面模型数据点采样应根据地形起伏变化的实际情况采点，应优先采集测区内地形特征线和地形特征点。

答案：D

44. 解 对搜集的控制点进行复测是定测的内容，选项A错误；现场踏勘不需要进行交通量调查，选项B错误；桥梁、隧道等特殊控制的路段进行实地放桩检查，是纸上定线的勘测内容，选项C错误；核查所搜集地形图的地形、地物变化及对初拟方案的影响，是初测阶段现场踏勘的内容，选项D正确。

答案：D

45. 解 对高填深挖地段、大型桥梁、隧道、立体交叉以及需要特殊控制的地段进行实地放桩，进行纵、横断面测量，选项A错误，选项B正确。路线上一般位置的平面和高程可从图上判读，对高程要求较严格的路段和地点，应实测其高程，点绘纵断面图，选项C、D正确。

答案：A

46. 解 初测阶段可不专门布设桥梁平面和高程控制网，但在布设路线控制网时每岸应各布设必要的控制点，布设的控制点应纳入路线控制测量进行施测，选项A错误；应实地放出桥梁轴线、引道位置，并进行纵、横断面测量，是"应"，不是"根据需要"，选项B、C错误；桥位地形图、水下地形图测绘范围应能满足方案比较和桥梁布孔的需要，桥位地形图还应满足桥头引道和调治构造物布置的需要，选项D正确。

答案：D

47. 解　对不设超高路段的圆曲线进行中桩放样时,中桩间距应不大于25m。

答案: A

48. 解　三级公路横断面测量时,横断面距离检测互差限值应满足下表规定。题中,L 为 30m,$30/50 + 0.1 = 0.7$m。

横断面检测互差限差　　　　　　　　　　题48解表

公路等级	距离（m）	高差（m）
高速公路,一、二级公路	$L/100 + 0.1$	$h/100 + L/200 + 0.1$
三级及三级以下公路	$L/50 + 0.1$	$h/50 + L/100 + 0.1$

答案: D

49. 解　设计基准期是结构可靠度计算中的时间域,是为确定可变作用的出现概率和设计取值而规定的标准时段。设计使用年限是设计规定的结构或构件不需进行大修即可按预定目的使用的年限。

答案: A

50. 解　全截面换算截面公式为：$A_0 = bh + (\alpha_{Es} - 1)A_s$。

答案: C

51. 解　钢筋混凝土矩形截面受剪承载力计算公式需满足上下限值,上限值对应截面最小尺寸。

$$\gamma_0 V_d \leqslant 0.51 \times 10^{-3} \sqrt{f_{cu,k}} bh_0$$

$$3000 \leqslant 0.51 \times 10^{-3} \sqrt{35} \times 800 h_0$$

计算得：$h_0 \geqslant 1242$mm。

答案: D

52. 解　影响钢筋与混凝土黏结强度的因素有：混凝土的强度等级、浇筑质量、保护层厚度,以及钢筋之间的净距、钢筋的锚固长度、箍筋的布置。

答案: A

53. 解　钢筋混凝土适筋梁受弯正截面承载力计算时,可用等效矩形应力图代替受压区混凝土的理论应力图。两图等效的条件是：混凝土压应力的合力大小不变且作用点不变。

答案: C

54. 解　根据 N_u-M_u 相关曲线：对于大偏心受压,随着压力增大,可承受的弯矩增大;对于小偏心受压,随着压力增大,可承受的弯矩减小;在界限状态时,正截面受弯承载力达到最大值。

答案: C

55. 解　在材料性能试验中,一般采用具有95%保证率的数值,即置信度为95%。

答案： C

56.解 《中华人民共和国民法典》第六条（《中华人民共和国合同法》第五条）规定，当事人应当遵循公平原则确定各方的权利和义务。

答案： C

57.解 合同中的价格是中标人的报价，即投标价。

答案： B

58.解 根据《建设工程质量管理条例》第四十九条，建设单位应当自建设工程竣工验收合格之日起15日内，将建设工程竣工验收报告和规划、公安消防、环保等部门出具的认可文件或者准许使用文件报建设行政主管部门或者其他有关部门备案。

答案： C

59.解 根据《建设工程质量管理条例》第十九条，勘察、设计单位必须按照工程建设强制性标准进行勘察、设计，并对其勘察、设计的质量负责。

答案： B

60.解 根据《建设工程勘察设计管理条例》第二十七条，除有特殊要求的建筑材料、专用设备和工艺生产线等外，设计单位不得指定生产厂、供应商。选项B错误。

根据《建设工程勘察设计管理条例》第二十八条，建设单位、施工单位、监理单位不得修改建设工程勘察、设计文件；确需修改建设工程勘察、设计文件的，应当由原建设工程勘察、设计单位修改。经原建设工程勘察、设计单位书面同意，建设单位也可以委托其他具有相应资质的建设工程勘察、设计单位修改。修改单位对修改的勘察、设计文件承担相应责任。选项A、D错误，选项C正确。

答案： C

注册道路工程师执业资格考试专业基础考试模拟试卷（七）解析与答案

1. 解 本题求振实状态下的空隙率，则应使用振实密度。

$$n = \frac{V_v + V_i}{V_f} \times 100\% = \left(1 - \frac{\rho}{\rho_a}\right) \times 100\% = \left(1 - \frac{1650}{2730}\right) \times 100\% = 39.6\%$$

答案：C

2. 解 根据《公路工程集料试验规程》（JTG E42—2005）中的 T 0316—2005 粗集料压碎值试验的第 3.1 条的要求，风干石料用 13.2mm 和 9.5mm 标准筛过筛，取 9.5～13.2mm 的试样 3 组各 3000g，供试验用。

答案：C

3. 解 生石灰分为钙质生石灰和镁质生石灰。钙质生石灰，氧化镁（MgO）的含量不大于 5%。镁质生石灰，氧化镁的含量大于 5%。

答案：A

4. 解 硅酸盐水泥初凝时间不应少于 45min，终凝时间不应超过 390min。

答案：B

5. 解 根据《水泥胶砂强度检验方法（ISO 法）》（GB/T 17671—2021》第 11.1.1 条和第 11.2.1 条。

抗折强度，以一组三个棱柱体抗折结果的平均值作为试验结果。当三个强度值中有一个超出平均值的±10%时，应剔除后再取平均值作为抗折强度试验结果；当三个强度值中有两个超出平均值的±10%时，则以剩余一个作为抗折强度结果。

$(8.7 + 8.3 + 6.8)/3 = 7.93$MPa，则剔除 6.8MPa。以剩余两个测定值的平均值为抗折强度，即$(8.7 + 8.3)/2 = 8.5$MPa。

抗压强度，以一组三个棱柱体上得到的六个抗压强度测定值的平均值为试验结果。当六个测定值中有一个超出平均值的±10%，剔除这个结果，再以剩下五个的平均值为结果。当五个测定值中再有超过它们平均值的±10%，则此组结果作废。

$(48.5 + 51.3 + 52.8 + 42.0 + 49.1 + 47.8)/6 = 48.6$MPa，则剔除 42MPa。以剩余五个测定值的平均值为试验结果。$(48.5 + 51.3 + 52.8 + 49.1 + 47.8)/5 = 49.9$MPa。

答案：C

6. 解 坍落度法适用于测定坍落度大于 10mm 且集料最大粒径不大于 31.5mm 的水泥混凝土的坍

落度。维勃稠度法适用于测定集料最大粒径不大于31.5mm的水泥混凝土及维勃时间在5～30s的干稠性水泥混凝土的稠度。

答案： A

7. 解 根据《公路工程无机结合料稳定材料试验规程》(JTG E51—2009)，细粒土试模的直径×高=50mm×50mm，中粒土试模的直径×高=100mm×100mm，粗粒土试模的直径×高=150mm×150mm。本题为二灰碎石土，根据规范第2.1.4条粗粒土定义，粗粒土是颗粒最大粒径不大于53mm，公称最大粒径大于19mm且不大于37.5mm的土或集料，包括砂砾土、碎石土、级配砂砾、级配碎石等，可知碎石土为粗粒土。

答案： B

8. 解 将混凝土拌合物按标准方法制成尺寸为150mm×150mm×150mm的立方体试件，在温度为20℃±2℃、相对湿度大于95%的空气的标准养护条件下养护至龄期28d时，测得的单位面积上所能承受的抗压极限荷载，称为混凝土立方体抗压强度。

答案： C

9. 解 水煮法适用于粒径大于13.2mm的碎石，水浸法适用于最大粒径小于13.2mm的粗集料。

答案： C

10. 解 引气剂可以增加混凝土的含气量，改善和易性，提高抗冻性。

答案： C

11. 解 HRB400E为普通热轧钢筋（Hot Rolled Bars），其中，HRB为英文缩写；400为屈服强度特征值；E为地震（Earthquake）缩写，表示用于抗震。

答案： A

12. 解 细粒土的最佳含水率通常接近于其塑限，并略高于塑限。

答案： A

13. 解

$$e = \frac{d_s \rho_w (1+w)}{\rho} - 1 = \frac{2.72 \times 1 \times (1+22\%)}{1.7} - 1 = 0.95$$

答案： D

14. 解 正常毛细水带位于毛细水带的下部，毛细网状水带位于毛细水带的中部，毛细悬挂水带位于毛细水带的上部。具体如图所示。

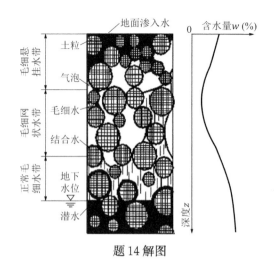

题14解图

答案：D

15. 解 土发生冻胀是因为冻结时土中水向冻结区迁移和积聚，所以封闭型冻胀不明显。气温骤降，且冷却强度很大时，土中弱结合水及毛细水来不及向冻结区迁移就原地结冰，毛细通道也被冰晶体堵塞，形成的冻土一般无明显冻胀。黏土有较厚的结合水，毛细孔隙比较小，对水分迁移有很大的阻力，所以冻胀性较粉土小。粗粒土由于没有或只有很少结合水，毛细现象弱，冻胀不明显。

答案：D

16. 解 根据公式 $\sigma_{cz} = \sum_{i=1}^{n} \gamma_i h_i$，自重应力沿土层深度的分布形状是折线。

答案：B

17. 解 土的压缩性指的是土受压时体积缩小的性能，主要是其中孔隙体积被压缩而引起，所以压缩性取决于它的密度与加荷时的含水率，选项 A 正确。压缩模量是指土在完全侧限条件下，竖向应力增量与相应的竖向应变增量的比值，所以压缩模量和密度没有必然关系，选项 B 错误。压实土遇水饱和，浸水软化，强度降低，可能产生附加压缩，选项 C 正确。黏土接近饱和状态时，孔隙水在压力作用下逐渐排出，导致土体的体积减小，表现出较高的压缩性，选项 D 正确。

答案：B

18. 解 快剪和不固结不排水法得到的抗剪强度指标适合加荷速率快、排水条件差的情况。

答案：D

19. 解 固结度和时间因素 T_v 有关，$T_v = \dfrac{C_v}{H^2} t$，$C_v = \dfrac{k(1+e)}{\alpha \gamma_w}$。渗透系数 k 越大，C_v 越大，T_v 也越大，越容易固结，选项 A 正确；渗透路径越长（H 越大），T_v 越小，越难固结，选项 D 正确；上下两面排水的路径是单面排水的一半，所以两面排水更容易固结，选项 C 正确；压缩模量与固结没有直接关系，选项 B 错误。

答案：B

20. 解 地基破坏有不同形式,在基础荷载作用下,形成连续滑动面,并延伸到地表,土从基础两侧挤出,基础沉降急剧增加的破坏形式是整体剪切破坏。

答案:D

21. 解 $P_{cr} < P_{1/4} < P_{1/3} < P_u$,临塑荷载不容许出现塑性区,所以承载力最小。

答案:C

22. 解 简化毕肖普法是在不考虑条块间切向力的前提下,满足力多边形闭合条件,就是说,隐含着条块间有水平力的作用。简化毕肖普法的特点是:①满足整体力矩平衡条件;②考虑了各条块力的多边形闭合条件,但不满足条块的力矩平衡条件;③假设条块间作用力只有法向力没有切向力;④满足极限平衡条件。

答案:C

23. 解 饱和黏性土固结过程就是孔隙水压力消散、有效应力增加的过程,有效应力增加则地基土发生固结沉降。

答案:B

24. 解 方解石的主要鉴定特征为遇盐酸强烈起泡;石灰岩也称灰岩,矿物成分以方解石为主,其次含有少量的白云石和黏土矿物,结晶结构;常呈深灰、浅灰色,纯质灰岩呈白色;石灰岩分布相当广泛,岩性均一,易于开采加工,是一种用途很广的建筑石料。

答案:C

25. 解 岩石的软化性,是指岩石在水的作用下,强度及稳定性降低的一种性质。岩石软化性的指标是软化系数,它等于岩石在饱水状态下的极限抗压强度与岩石在风干状态下的极限抗压强度的比值,其值越小,表示岩石在水作用下的强度和稳定性越差。未受风化作用的岩浆岩和某些变质岩,软化系数大都接近于1,是弱软化的岩石,其抗水、抗风化和抗冻性强;软化系数小于0.75的岩石,认为是强软化的岩石,工程性质比较差。

答案:B

26. 解 正断层:上盘沿断层面相对下降,下盘沿断层面相对上升的断层。逆断层:上盘沿断层面相对上升,下盘沿断层面相对下降的断层。平移断层:由于岩体受水平扭应力作用,使两盘沿断层面发生相对水平位移的断层。纵断层是指断层走向与褶皱轴向一致或断层走向与区域构造线基本一致的断层,又称为走向断层。

答案:D

27. 解 在地质图上,通过地层分界线、地层年代符号、岩性符号、产状符号和地质构造符号,把不同地质构造的形态特征和分布情况反映出来。一幅完整的地质图应包括平面图、剖面图和柱状图。平面图反映地表地质条件，一般是通过野外地质勘测工作，直接填绘到地形图上编制出来的。剖面图反映地表以下某一断面地质条件，它可以通过野外测绘或勘探工作编制，也可以在室内根据地质平面图编制。综合地层柱状图反映一个地区各地质年代的地层特征、厚度和接触关系等。

答案：D

28.解 岩石风化程度分为：未风化、微风化、中等风化、强风化、全风化。因此，岩石风化层自下而上的4个风化带为：微风化带、中风化带、强风化带、全风化带。

答案：A

29.解 由于河流侧蚀的不断发展，致使河流一个河湾接着一个河湾，且河湾的曲率越来越大，河流越来越长，结果使得河床的比降逐渐减小，流速不断降低，侵蚀能量逐渐削弱，直至常水位时已无能量继续发生侧蚀为止。这时河流所特有的平面形态，称为蛇曲。

答案：B

30.解 侵蚀阶地也称基岩阶地。由基岩石构成，阶地面较窄，没有或零星有冲积物。一般形成于构造抬升的山区河谷中。

答案：A

31.解 剥蚀型垭口是以外力强烈剥蚀为主导因素所形成的垭口，其形态特征与山体地质结构无明显联系。此类垭口的共同特点是松散覆盖层很薄，基岩多半裸露。在气候干燥寒冷地带，岩性坚硬和切割较深的垭口本身较薄，宜采用隧道方案或路堑深挖方案。

答案：B

32.解 在包气带内局部隔水层上积聚的具有自由水面的重力水称为上层滞水。

答案：D

33.解 充满于两个隔水层之间的含水层中的地下水称为承压水。承压水含水层上部的隔水层称为隔水顶板，下部的隔水层称为隔水底板。顶底板之间的距离为含水层厚度。承压性是承压水的一个重要特征。钻孔揭露含水层，水位将上升到含水层顶板以上一定高度才静止下来。承压水一般水量较大，隧道和桥基施工若钻透隔水层，会造成突然而猛烈的涌水，处理不当将给工程带来重大损失。所以，承压水有时会给工程施工带来一定的困难。

答案：C

34.解 按滑坡力学性质，滑坡可分为牵引式滑坡和推动式滑坡两类。

答案：D

注册道路工程师执业资格考试专业基础考试模拟试卷（七）解析与答案

35. 解 泥石流的防治原则：①路线跨越泥石流沟时，首先应考虑从流通区或沟床比较稳定、冲淤变化不大的堆积扇顶部用桥跨越。这种方案可能存在以下问题：平面线形较差，纵坡起伏较大，沟口两侧路堑边坡容易发生崩塌、滑坡等病害。因此，应注意比较。还应注意目前的流通区有无转化为堆积区的趋势。②当河谷比较开阔，泥石流沟距大河较远时，路线可以考虑走堆积扇的外缘。这种方案线形一般比较舒顺，纵坡也比较平缓，但可能存在以下问题：堆积扇逐年向下延伸，淤埋路基；河床摆动，路基有遭受水毁的威胁。③对泥石流分布较集中，规模较大，发生频繁、危害严重的地段，应通过经济和技术比较，在有条件的情况下，可以采取跨河绕道走对岸的方案或其他绕避方案。④如泥石流流量不大，在全面考虑的基础上，路线也可以在堆积扇中部以桥隧或过水路面通过。采用桥隧时，应充分考虑两端路基的安全措施。这种方案往往很难彻底克服排导沟的逐年淤积问题。⑤通过散流发育并有相当固定沟槽的宽大堆积扇时，宜按天然沟床分散设桥，不宜改沟归并。如堆积扇比较窄小，散流不明显，则可集中设桥，一桥跨过。⑥在处于活动阶段的泥石流堆积扇上，一般不宜采用路堑。路堤设计应考虑泥石流的淤积速度及公路使用年限，慎重确定路基高程。

答案： B

36. 解 膨胀土是一种黏性土，具有明显的膨胀、收缩特性。它的粒度成分以黏粒为主，黏粒的主要矿物是蒙脱石、伊利石，这两类矿物有强烈的亲水性，吸收水分后体积膨胀，失水后收缩，多次膨胀、收缩，强度很快衰减，导致修建在膨胀土上的工程建筑物开裂、下沉、失稳破坏。蒙脱石具有剧烈吸水膨胀的特性，故影响最大的黏土矿物为蒙脱石。

答案： C

37. 解 根据《公路勘测规范》（JTG C10—2007）表 4.1.1-2，二级公路平面控制测量等级应选用二级。

答案： B

38. 解 根据《公路勘测规范》（JTG C10—2007）表 4.1.3-2，公路平面控制测量一级导线测量中，导线全长相对闭合差不大于1/17000。

答案： C

39. 解 根据《公路勘测规范》（JTG C10—2007）第 5.2.1 条，图根导线测量应闭合或附合于路线控制点上，当需要加密时，图根控制不宜超过两次附合；条件受限制时，可布设支导线，但支导线的边数不得超过3条。

答案： C

40. 解 根据《公路勘测规范》（JTG C10—2007）表 5.3.2-2，比例尺为 1∶1000 时，光电测距法测距的最大长度不超过 360m。

答案：B

41.解 根据《公路勘测规范》（JTG C10—2007）表6.1.3-1，同一航带航向重叠，像片重叠度一般值为60%～65%。

答案：C

42.解 根据《公路勘测规范》（JTG C10—2007）表7.1.2-2，以野外实测数据生成的DTM，其高程插值相对于最近高程控制点的高程中误差，对于山岭地形，中误差≤±0.7m。

答案：D

43.解 根据《公路勘测规范》（JTG C10—2007）第7.5.2条，初步设计阶段，方案比选采用数字地面模型计算公路横断面时，横断面取值间距为5～10m。

答案：B

44.解 根据《公路勘测细则》（JTG/T C10—2007）第8.5.2条，纸上定线时，应首先将具有特殊要求的位置和设施标注于地形图上。一般位置的平面和高程可从图上判读，对需要特殊控制的地段应进行实地放桩，根据需要进行纵、横断面测量，绘制纵、横断面图。越岭路线需进行纵坡控制的地段，应在地形图上进行放坡，并将放坡点标示于图上。

答案：B

45.解 根据《公路勘测细则》（JTG/T C10—2007）第8.8.5条第2款，桥位地形图测量范围，一般上游应为桥长的2～3倍，下游应为桥长的1～2倍，沿桥轴线方向应测至两岸历史最高洪水位或设计水位以上2m或洪水泛滥线以外50m，应能满足桥梁布孔、桥头引道和调治构造物布置的需要。

答案：D

46.解 根据《公路勘测细则》（JTG/T C10—2007）第8.9.2条，初测阶段可不专门布设隧道平面和高程控制网，但在布设路线控制测量网时应在隧道进出口各布设2个以上平面控制点及2～3个高程控制点，平面控制点间距应大于500m，满足隧道平面和高程控制网加密的需要。布设的控制点应纳入路线控制测量进行施测。

答案：B

47.解 根据《公路勘测规范》（JTG C10—2007）第9.14.1条，沿线筑路材料的调查包括：①对初步设计确定的料场应逐一核查，并进行进一步的勘测及补充调查；②对所有调查的料场应进行比较，根据材料需要量确定采用料场；③对大型料场进行必要的勘探与试验。

答案：D

48.解 根据《公路勘测规范》（JTG C10—2007）第9.6.9条，应对该地区已有的排水设施工作情况进行实地调查，确定排水设施的形式、横断面尺寸、加固措施，并测量起讫桩号、长度、进出口位置；需进行特殊设计的集水、排水、输水工程设施，应实地放出轴线，进行纵、横断面测量，并根据需要测绘比例尺为1：500～1：2000的地形图。

答案：D

49. 解 公路桥涵结构按正常使用极限状态设计时，应根据不同的设计要求，采用作用的频遇组合或准永久组合。

频遇组合：永久作用标准值与汽车荷载频遇值、其他可变作用准永久值相组合。

准永久组合：永久作用标准值与可变作用准永久值相组合。

答案：C

50. 解 在进行钢筋混凝土简支梁斜截面抗剪承载力复核时，其复核位置应按照下列规定选取：

（1）距支座中心 $h/2$（梁高一半）处的截面。

（2）受拉区弯起钢筋弯起处的截面，以及锚于受拉区的纵向钢筋开始不受力处的截面。

（3）箍筋数量或间距有改变处的截面。

（4）梁的肋板宽度改变处的截面。

答案：B

51. 解 根据《公路钢筋混凝土及预应力混凝土桥涵设计规范》（JTG 3362—2018）第9.3.9条，钢筋混凝土梁端支点处，应至少有两根且不少于总数1/5的下层受拉主钢筋通过。两外侧钢筋，应延伸出端支点以外，并弯成直角，顺梁高延伸至顶部，与顶层纵向架立钢筋相连。两侧之间的其他未弯起钢筋，伸出支点截面以外的长度不应小于10倍钢筋直径（环氧树脂涂层钢筋为12.5倍钢筋直径）；HPB300钢筋应带半圆钩。

答案：D

52. 解 小偏心受压构件的破坏特征是：受压区边缘混凝土压应变达到极限压应变，受压区混凝土被压碎；同一侧的钢筋压应力达到屈服强度，而另一侧钢筋，不论受拉还是受压，其应力均达不到屈服强度。

答案：D

53. 解 《公路钢筋混凝土及预应力混凝土桥涵设计规范》（JTG 3362—2018）第5.3.1条规定，钢筋混凝土轴心受压构件，当配有纵向受力钢筋和普通箍筋时，其正截面抗压承载力应符合 $\gamma_0 N_d \leqslant 0.9\varphi(f_{cd}A + f'_{sd}A'_s)$。

答案：B

54. 解 根据《公路钢筋混凝土及预应力混凝土桥涵设计规范》（JTG 3362—2018）第6.5.3条，受弯构件在使用阶段的挠度应考虑长期效应的影响，即按荷载频遇组合和规范第6.5.2条规定的刚度计算的挠度值，乘以挠度长期增长系数η_θ。当采用C40以下混凝土时，$\eta_\theta = 1.60$；当采用C40～C80混凝土时，$\eta_\theta = 1.45～1.35$，中间强度等级可按直线内插法取值。

答案：C

55. 解 选项A为先张法传力锚固时的损失（第一批）；选项B为先张法传力锚固后的损失（第二批）；选项C为后张法传力锚固后的损失（第二批）；选项D为后张法传力锚固时的损失（第一批）。

答案：B

56. 解《建设工程安全生产管理条例》第二十七条规定，建设工程施工前，施工单位负责项目管理的技术人员应当对有关安全施工的技术要求向施工作业班组、作业人员作出详细说明，并由双方签字确认。

答案：A

57. 解《中华人民共和国招标投标法》第三十一条第三款规定，联合体中标的，联合体各方应当共同与招标人签订合同，就中标项目向招标人承担连带责任。

答案：C

58. 解《中华人民共和国民法典》第五百八十五条规定，当事人可以约定一方违约时应当根据违约情况向对方支付一定数额的违约金，也可以约定因违约产生的损失赔偿额的计算方法。约定的违约金低于造成的损失的，人民法院或者仲裁机构可以根据当事人的请求予以增加；约定的违约金过分高于造成的损失的，人民法院或者仲裁机构可以根据当事人的请求予以适当减少。当事人就迟延履行约定违约金的，违约方支付违约金后，还应当履行债务。

答案：B

59. 解《中华人民共和国招标投标法》第十条规定，招标分为公开招标和邀请招标。公开招标，是指招标人以招标公告的方式邀请不特定的法人或者其他组织投标。邀请招标，是指招标人以投标邀请书的方式邀请特定的法人或者其他组织投标。

答案：A

60. 解《建设工程质量管理条例》第十六条规定，建设单位收到建设工程竣工报告后，应当组织设计、施工、工程监理等有关单位进行竣工验收。

答案：B

注册道路工程师执业资格考试专业基础考试模拟试卷（八）解析与答案

1. 解 砂的细度模数越大表示砂越粗。

答案：A

2. 解 测定沥青与石料黏附性的方法是水煮法或水浸法，但都是定性测量，结果往往因人而异；目前研究中也有人采用光电分光光度法，这是一种定量测试，但测试过程较复杂。亚甲蓝法是用于确定集料中是否存在膨胀性黏土矿物，并测定其含量的试验方法，用以评定集料的洁净程度。

答案：D

3. 解 陈伏是为了消除过火石灰的危害。

答案：A

4. 解 石灰的稳定效果与土中黏土矿物成分及含量有显著关系。一般来说，黏土矿物化学活性强，比表面积大，当掺入石灰等活性材料后，所形成的离子交换、结晶作用和火山灰反应都比较活跃，稳定效果好。

答案：B

5. 解 粗集料的形状接近正立方体者为佳，不宜含有较多针状颗粒和片状颗粒，否则将显著降低水泥混凝土的抗折强度，同时影响新拌混凝土的和易性。

答案：C

6. 解 引气剂是指掺入混凝土拌合物后，经搅拌能在混凝土拌合物中引入大量均匀分布、稳定而封闭的微小气泡以改善工作性，并在混凝土硬化后保留微小气泡以改善其抗冻性的物质。

答案：A

7. 解 在水泥强度相同的情况下，水灰比越小，水泥石的强度越高，与集料的黏结力越大，混凝土的强度越高。

答案：B

8. 解 水泥混凝土试件成型后、脱模前在温度为$(20±5)$℃、相对湿度大于50%的空气中放置1~2d脱模，脱模后在温度为$(20±2)$℃、相对湿度大于95%的空气[或不流动的$Ca(OH)_2$饱和溶液]的标准养护条件下养护至规定龄期。

答案：C

9. 解 沥青的黏滞性是指沥青在外力作用下抵抗变形的能力,是反映沥青内部材料阻碍其相对流动的特性。沥青的黏滞性越大,表明沥青的稠度越大。

答案:D

10. 解 沥青混合料配合比设计包括三个阶段:目标配合比设计阶段、生产配合比设计阶段、生产配合比验证阶段。

答案:D

11. 解 碳是决定钢材性能的最重要元素。在一定含碳量范围内(<0.8%),钢材的含碳量越高,钢材的强度和硬度越高,塑性(延性)和冲击韧性越低。

答案:B

12. 解 土的天然重度γ、饱和重度γ_{sat}、干重度γ_d、有效重度γ'在数值上的关系为:$\gamma_{sat} \geqslant \gamma \geqslant \gamma_d > \gamma'$。

答案:A

13. 解 根据定义,含水率$w = m_w/m_s$,孔隙比$e = V_v/V_s$,液性指数$I_L = (w - w_p)/I_p$,饱和度$S_r = V_w/V_v$,不大于1的只有饱和度。

答案:D

14. 解 水在土体中渗流,受到土骨架的阻力,同时水也对土骨架施加推力,单位体积内土骨架所受到的水推力称为渗透力(或动水力)。作用在单位体积土柱上的渗透力(简称渗透力)应为:$G_d = J/A_L = (\gamma_w h_f)/L = \gamma_w i$。$G_d$称为渗透力,等于水的重度和水力坡降的乘积。因为$i$是无量纲数,所以渗透力的量纲与重度相同,是一种体积力,单位为kN/m^3,大小与水力坡降成正比,方向与渗流方向一致。该力对土体稳定性有重要影响,也是造成常见渗透破坏的直接原因。

答案:B

15. 解 根据均布竖向条形荷载作用下的附加应力系数值表可得,荷载中心线下的附加应力系数值,应取$x/b = 0.50$,此时水平向和竖直向的附加应力系数均随深宽比z/b的增大而减小,即当深度z一定时,宽度b越大,附加应力系数越大,附加应力也就越大,由此可知基础宽度越大,附加应力衰减越慢。

答案:B

16. 解 附加应力作用下其应力大小随深度增大逐渐变小,其深度z起算点应为基础底面。故无影响。

答案:A

17. 解 测试变形模量时,土样周围没有约束,测试压缩模量时,土样的周围有环刀约束,故在应力相等时,测试变形模量时的应变较大,故变形模量小于压缩模量。

答案:C

18. 解 浅基础的地基极限承载力是指使得地基达到完全剪切破坏时的最小压力,也就是相应于 p-s 曲线中地基从塑性变形阶段转为整体剪切破坏的界限荷载。

答案: D

19. 解 饱和土中总应力是由上面土体的重力、静水压力及外荷载所产生的应力部分由土颗粒间的接触面承担,称为有效应力;而由于建筑物荷重使基底增加的压力称为基底附加压力。所以基地附加应力是外荷载对地基产生的有效应力。

答案: C

20. 解 固结理论的基本假设如下:①土是均质、各向同性和完全饱和的;②土粒和孔隙水都是不可压缩的;③土中附加应力沿水平面是无限均匀分布的,因此土层的压缩和土中水的渗流都是一维的;④土中水的渗流服从于达西定律;⑤在渗透固结中,土的渗透系数 k 和压缩系数 a 都是不变的常数;⑥外荷载是一次骤然施加的。

答案: C

21. 解 黏性土坡稳定性分析基本假定有:①均质黏性土土坡;②滑动面为圆弧;③滑体为刚性体;④滑面处于极限平衡。

答案: B

22. 解 瑞典条分法又称为费伦纽斯法,该法假定土坡沿着圆弧面滑动,并认为土条间的作用力对土坡的整体稳定性影响不大,可以忽略(由此而引起的误差一般在 10%~15% 之间),即假定土条两侧的作用力大小相等、方向相反且作用于同一直线上。是条分法中最简单、最古老的一种。

答案: A

23. 解 无黏性土坡稳定性系数 $K_s = \tan\varphi / \tan\beta = 1.56$。

答案: A

24. 解 野外工作中,常用指甲(2~2.5)、铁刀刃(3~3.5)、玻璃(5~5.5)、钢刀刃(6~6.5)鉴别矿物的硬度。

答案: B

25. 解 玄武岩:喷出岩,颜色呈灰黑至黑色。主要矿物成分与辉长岩相同,呈隐晶质细粒或斑状结构,气孔或杏仁状构造。玄武岩致密坚硬、性脆,强度很高,具有抗磨损、耐酸性强的特点。

答案: C

26. 解 常见的沉积岩有碎屑岩类、黏土岩类、化学及生物化学岩类。

答案: B

27. 解　变质岩的矿物成分可分为两大类：一类是与岩浆岩、沉积岩所共有的，如石英、长石、云母、角闪石、辉石、方解石等，它们大多是原岩残留下来的，有的是在变质作用中形成的；另一类是在变质作用中产生的变质岩所特有的矿物，以此将变质岩与其他岩石区别开来，如石墨、滑石、蛇纹石、石榴子石、绿泥石、绢云母、硅灰石、蓝晶石、红柱石等，称为变质矿物。

答案：A

28. 解　地壳表层岩石在太阳辐射、水、大气和生物等因素的共同作用下，发生物理和化学的变化，使岩石崩解破碎以至逐渐分解的作用，称为风化作用。

答案：B

29. 解　轴面以褶皱顶平分两翼的面称为褶皱轴面。轴面是为了标定褶皱方位及产状而划定的一个假想面。轴面可以是直立的，也可以是倾斜的或平卧的。题目中的轴面倾斜的，因此为倾斜褶皱。

答案：B

30. 解　当岩层倾向与地面倾斜方向相反时，在山脊处"V"字形的尖端朝向山麓，在沟谷处"V"字形的尖端朝向上游。

答案：A

31. 解　影响岩石风化速度、深度、程度以及分布规律的因素可分为内因和外因两大因素。内因是指岩石的地质特征，包括岩石的矿物成分、结构和构造等。外因主要包括气候、地形、地下水以及地质构造等。

答案：C

32. 解　残积物不具有层理，碎屑物质大小不均匀、棱角显著，无分选，粒度和成分受气候条件和母岩岩性控制。

答案：D

33. 解　阶梯形坡：由软硬不同的水平岩层或微倾斜岩层组成的基岩山坡，其表面剥蚀强烈，覆盖层薄，基岩外露，稳定性一般比较高；滑坡变形造成的阶梯状斜坡，多存在于山坡中下部，如果坡脚受到强烈冲刷或不合理的切坡，或受到地震的影响，可能引起古滑坡复活，威胁建筑物的稳定。

答案：D

34. 解　根据地下水的埋藏条件，可以把地下水划分为包气带水、潜水和承压水。按含水层空隙性质（含水介质）的不同，可将地下水划分为孔隙水、裂隙水和岩溶水。在包气带内局部隔水层上积聚的具有自由水面的重力水称为上层滞水。

答案：B

35. 解　黄土因其特殊的大孔隙、垂直节理发育等结构特性，强渗透和遇水崩解的水理特性，干燥时高强度、浸水后强度明显降低的强度特性，造成路基常出现路堤下沉、坡面冲刷、边坡滑塌和滑坡、冲沟侵蚀路基等工程病害。

答案：B

36. 解　野外试验中的力学试验主要有触探试验（静力触探、动力触探与标准贯入试验），载荷试验（静力载荷与桩载荷试验），剪切试验（直剪法、水平挤出法与十字板剪切试验），旁压试验，应力应变量测（千分表法、电阻片法、压力盒法）与弹性系数测定（地震法）等。

答案：D

37. 解　测量工作中为了扩展测量工作面及防止误差的积累，应遵循的原则是在布局上从整体到局部，在精度上从高级到低级，在工作程序上从控制到碎部。

答案：A

38. 解　由公式 $M = m/\sqrt{n}$ 可知：$n = (m/M)^2 = (6\sqrt{2}/3)^2 = 8$。

答案：D

39. 解　由坐标纵轴北端起，顺时针方向量到某直线的水平夹角，称为该直线的坐标方位角。

答案：A

40. 解　（1）将望远镜对着明亮的背景，转动目镜螺旋，使十字丝清晰。

（2）松开制动螺旋，转动望远镜，采用望远镜镜筒上面的照门和准星瞄准水准尺，然后拧紧制动螺旋。

（3）从望远镜中观察，转动物镜螺旋进行对光，使目标清晰，再转动微动螺旋，使竖丝对准水准尺。

（4）眼睛在目镜端上下微微移动，若十字丝与目标影像有相对移动，则应重新仔细地进行物镜对光，直到读数不变为止。

答案：C

41. 解　（1）首曲线：在同一幅图上，按基本等高距描绘的等高线称为首曲线，也称基本等高线。

（2）计曲线：凡是高程能被5倍基本等高距整除的等高线加粗描绘，称为计曲线。

（3）间曲线和助曲线：按1/2基本等高距描绘的等高线称为间曲线，按1/4基本等高距描绘的等高线称为助曲线。

答案：B

42. 解　现场定线一般适用于三、四级公路的路线选取。

答案：A

43. 解　高速公路、一级和二级公路两次测量之差应满足≤5mm。

答案：A

44. 解 转点在水准测量中起到传递高程的作用。如所需的测量工作路程较远，仪器不能一次到位读取高差，就需要用到转点。中线测量中，转点的作用是传递方向。

答案：B

45. 解 正常情况下，人眼在图纸上能分辨出的最小距离为 0.1mm，即在图纸上当两点间距离小于 0.1mm 时，人眼就无法再分辨。因此，在地形图上 0.1mm 所代表的实地水平距离称为地形图的比例尺精度。即：比例尺精度 $= 0.1M = 0.1 \times 5000 = 500\text{mm} = 0.5\text{m}$。

答案：A

46. 解 地物是指的是地面上各种有形物（如山川、森林、建筑物等）和无形物（如省、县界等）的总称，泛指地球表面上相对固定的物体。地貌即地球表面各种形态的总称，也能称为地形。地表形态是多种多样的，成因也不尽相同，是内、外力地质作用对地壳综合作用的结果。内力地质作用造成了地表的起伏，控制了海陆分布的轮廓及山地、高原、盆地和平原的地域配置，决定了地貌的构造格架。

答案：D

47. 解 高程控制点距离路线中心应大于 50m，小于 300m。

答案：B

48. 解 高速公路、一级公路隧道贯通长度 L 满足 L < 3000m。

答案：B

49. 解 钢筋混凝土开裂前钢筋与混凝土共同变形，故钢筋对开裂荷载影响不大；但开裂后钢筋代替混凝土受拉，适当配筋的钢筋混凝土梁的破坏荷载可以显著提高。

答案：B

50. 解 钢筋和混凝土共同工作的三要素为：钢筋与混凝土之间存在良好的黏结力，钢筋与混凝土的温度线膨胀系数接近，混凝土保护钢筋免受锈蚀。

答案：B

51. 解 适筋破坏是受拉钢筋先屈服，而后受压区混凝土被压碎的破坏形态。

答案：D

52. 解 钢筋混凝土梁当受拉区边缘混凝土达到抗拉标准强度后，出现受拉塑性，直至混凝土达到极限拉应变时将开裂。

答案：D

53. 解 受弯构件斜截面受剪承载力计算时，要求 $\gamma_0 V_d \leqslant 0.51 \times 10^{-3} \sqrt{f_{cu,k}} b h_0$，是为了防止出现斜

压破坏。

答案： A

54.解 矩形截面大偏心受压构件截面设计时需补充条件 $x = \xi_b h_0$，这是为了充分利用混凝土的抗压强度，使设计的钢筋用量达到最少。

答案： B

55.解 由于混凝土徐变的影响，在长期荷载作用下，钢筋混凝土梁的挠度会随时间增加而加大。

答案： D

56.解 《中华人民共和国民法典》第七百八十八条规定，建设工程合同是承包人进行工程建设，发包人支付价款的合同。建设工程合同包括工程勘察、设计、施工合同。监理合同属于委托合同，施工分包合同还是属于施工合同。

答案： C

57.解 《中华人民共和国招标投标法》第五十三条规定，对投标人相互串通行为作出处罚。在《中华人民共和国招标投标法实施条例》第四十条和第四十一条分别对投标人之间视为串标和属于串标行为作出规定。选项A、C、D是属于串标行为，选项B是视为串标行为。

答案： B

58.解 《建设工程安全生产管理条例》第六条规定，建设单位应当向施工单位提供施工现场及毗邻区域内供水、排水、供电、供气、供热、通信、广播电视等地下管线资料，气象和水文观测资料，相邻建筑物和构筑物、地下工程的有关资料，并保证资料的真实、准确、完整。

答案： A

59.解 《建设工程质量管理条例》第三十一条规定，施工人员对涉及结构安全的试块、试件以及有关材料，应当在建设单位或者工程监理单位监督下现场取样，并送具有相应资质等级的质量检测单位进行检测。

答案： D

60.解 《建设工程勘察设计管理条例》第四十条规定，违反本条例规定，勘察、设计单位未依据项目批准文件，城乡规划及专业规划，国家规定的建设工程勘察、设计深度要求编制建设工程勘察、设计文件的，责令限期改正；逾期不改正的，处10万元以上30万元以下的罚款；造成工程质量事故或者环境污染和生态破坏的，责令停业整顿，降低资质等级；情节严重的，吊销资质证书；造成损失的，依法承担赔偿责任。

答案： D